도약하는 삶

도약하는 삶

조용기 지음

초판 인쇄 2010년 6월 29일
초판 발행 2010년 7월 5일

발행처　서울말씀사
편집인　임형근
등 록　제11-105호

서울 강서구 가양동 1487 가양테크노타운 306
Tel. 02-846-9222
Fax. 02-846-9225

※ 잘못 만들어진 책은 바꾸어 드립니다

A Springboard for Future

도약하는 삶

조용기 지음

서울말씀사

머리말 . . .

누구나 인생을 살다 보면 크고 작은 인생의 고비를 만나게 됩니다. 그 고비를 어떻게 넘기느냐에 따라 인생길이 달라집니다. 저 역시 지금까지 살면서 인생의 고비를 여러 번 넘겼습니다. 그런데 그때마다 주님께서 함께해 주셔서 고비를 잘 넘기고 도약할 수 있었습니다.

저는 청운의 꿈을 안고 있던 고교 시절에 폐병으로 사형 선고를 받았습니다. 그러나 그때 주님께서 저를 만나 주심으로 죽음이 생명으로 바뀌었습니다. 그 후 주님께서는 저를 주의 종으로 부르시고 최자실 목사님과 함께 천막 교회를 개척하게 해 주셨으며, 저에게 찬란한 꿈을 주시고 교회를 성장시켜 주셔서 대조동 천막 교회에서 서대문 순복음중앙교회를 거쳐 여의도로 나오게 하셨습니다. 8억 공사에 가진 돈은 100만 원뿐이었지만, 저와 최 목사님과 성도들의 목숨을 건 기도에 주님께서 역사하셔서 불가능했던 성전 건축이 이루어졌습니다. 바로 이렇게 세워진 여의도순복음교회가 단일 교회로서 세계 최대 교회로 성장하게 된 것입니다. 그뿐 아닙니다. 주님께서는 정년을 맞아 목회 일선에서 물러나게 된 저에게 '사랑과행복나눔' 사역이라는 제2기 목회의 사명을 주어 다시 한 번 도약하게 하셨습니다. 복음과 함께 예수님의 십자가 사랑을 이웃에게 나누어 주도록 하신 것입니다. 이로 인해 우리 교회의 부흥에 더욱 박차를 가하게 되었습니다. 이렇게 저의 인생의 고비마다 함께해 주신 주님의 은혜로 저는 지속적으로 도약하는 사역을 하고 있습니다.

그러므로 우리는 인생의 고비를 만났을 때 낙심하거나 뒤로 물러가면 안 됩니다. 고비 때마다 더욱 간절히 주님을 찾고 기도함으로 주님을 만나고 인도하심에 순종하며 주님의 도우심을 받아야 합니다. 그럴 때 고비가 도약의 기회가 되어 승리의 삶을 살게 되는 것입니다.

　이번에 「도약하는 삶」을 출간하게 해 주신 주님께 감사드립니다. 이 책은 제가 작년에 출간한 「새로운 시작을 위하여」에 이어 2006년부터 최근까지 수년간 '월간중앙'에 연재했던 설교들을 모아 엮은 설교집입니다. 인생의 여정에서 역경을 만나 좌절하고 절망하지 말고 오히려 하나님을 더 깊이 만나서 더 높이 비상하고 더 멀리 나아가는 복된 삶을 살게 되기를 소원하는 마음으로 이 책을 출간하였습니다.

　이 책이 독자 여러분에게 제2의 인생으로 드약할 수 있는 지렛대의 역할을 담당하게 되기를 간절히 기도합니다.

2010. 6.
여의도순복음교회 원로목사
조용기

Contents 차례

머리말

더 깊이 만나라

인간의 존재 의미	13
당신에게 다가오는 고난의 의미를 아십니까?	27
당신의 꿈이 죽을 때	41
왜 고난이 필요한가?	53
주 예수를 바라보자	67
십자가에서 회복되는 가정	79

더 높이 비상하라

목자 되신 하나님	93
복 있는 사람	105
새로운 삶	117

응답 받는 기도	129
가족 사랑, 가정 행복	141
감사의 능력	153

더 멀리 나아가라

참된 인생	167
기쁨을 가져오는 삶의 자세	177
하나님께서 주신 가장 귀한 선물	189
당신의 사명은 무엇입니까?	199
도전과 응전	211
희망을 향해 나아가라!	225

더 깊이 만나라

A Springboard for Future

인간의 존재 의미
당신에게 다가오는 고난의 의미를 아십니까?
당신의 꿈이 죽을 때
왜 고난이 필요한가?
주 예수를 바라보자
십자가에서 회복되는 가정

A Springboard for Future

인간의 존재 의미

"그런즉 누구든지 그리스도 안에 있으면 새로운 피조물이라 이전 것은 지나갔으니 보라 새것이 되었도다"(고린도후서 5장 17절)

사색의 계절인 가을이 되면 사람들은 덧없이 흘러가는 인생의 무상을 느끼며 사람들은 불현듯 자기 자신에 대해 생각해 봅니다. "나는 누구인가? 어디서 와서, 왜 살며, 어디로 가는가?"라는 자신의 존재 의미에 대한 질문을 합니다. 저도 젊은 시절에 이런 삶의 근원적인 물음을 놓고 심각하게 고민한 적이 있었습니다.

철학자 쇼펜하우어(Arthur Schopenhauer)가 하루는 공원에서 남루한 옷차림에 고뇌하는 모습으로 앉아 있었습니다. 공원 관리인은 그가 노숙자인줄 알고 "당신 누구요?"라고 퉁명스럽게 물었습니다. 쇼펜하우어는 그에게 몹시 괴로운 어조로 "제발 나도 내가 누구인지 좀 알았으면 좋겠소."라고 말했습니다. 대철학자도 한때 자신의 존재 의미를 알지 못해 고뇌하고 방황했던 것입니다.

인간은 자신의 존재에 대해 알 수 없을 때 혼란스럽게 되고 방황하게 됩니다. 자기가 누구인지 알게 될 때 비로소 정체성을 갖고 바르게 살아갈 수 있게 됩니다. 그렇다면 우리 인간은 과연 어떤 존재일까요?

첫째, 인간은 절망적인 존재입니다.

사람들은 인간이 누구인지 알아내기 위해 노력해 왔습니다. 그중에 실존주의 철학자들의 인간에 대한 이해는 의미심장합니다. 그들에 의하면 인간은 절망적인 존재라는 것입니다. 그런데 이러한 사실은 철학자들뿐 아니라 성경도 말씀하고 있습니다.

먼저 인간은 죄로 인해 절망적입니다. 인간은 본성적으로 죄를 가지고 태어납니다. 우리는 그 사실을 어린아이에게서 쉽게 확인해 볼 수 있습니다. 아무도 어린아이에게 죄를 가르쳐 주지 않아도 아이는 스스로 거짓말을 하고 이기심과 탐심을 드러냅니다.

어느 분이 저에게 이런 이야기를 해 주었습니다. 하루는 그분의 나이 어린 외손녀가 집에 왔습니다. 그래서 그 아이의 이모가 빵을 사다 주었는데 아이가 그 빵을 감추어 놓았습니다. 그분이 "이모가 사 준 빵을 가져오너라." 하니까, 이제 말을 배운 지 얼마 안 되어 말도 잘 못하는 어린아이인데도 "이모가 빵 사 준 것 없어요."라고 천연덕스럽게 거짓말을 하더라는 것입니다. "아니, 방금 전에 이모가 빵 사 주지 않았느냐?"라고 하니, "아니에요. 우리 엄마가 사다 주었어요."라고 말하더랍니다. 그분은 어떻게 가르쳐 주지도 않았는데 어린아이가 거짓말을 그렇게 천연덕스럽게 하느냐고 기막혀 했습니다.

거짓말을 가르쳐 주지 않아도 어린아이는 거짓말을 합니다. 죄를 가르쳐 주지 않아도 죄짓는 것입니다. 그래서 성경은 죄 없는 인간은 하나도 없다고 말씀합니다. "의인은 없나니 하나도 없으며"(로마서 3장 10절). 이것이 바로 죄의 절망을 지닌 인간의 모습입니다.

또한 인간은 허무와 무의미로 인해 절망적입니다.

많은 사람들이 삶의 참된 의미를 알지 못한 채 헛되게 살아가고 있습니다. 즉, 인생의 참된 길을 찾지 못해 방황하고 있는 것입니다.

유명한 스위스의 심리학자 칼 융(Carl Gustav Jung)은 "우리 시대에 가장 심한 노이로제는 허무다."라고 말했습니다. 독일의 철학자 니체(Friedrich Wilhelm Nietzche)는 '초인(超人) 사상'으로 이 허무감을 극복하고자 몸부림쳤지만 결국 허무의 늪을 벗어나지 못하고 자살하고 말았습니다.

2006년 9월 통계청이 발표한 2005년도 사망 원인 통계를 보면, 우리나라에서 연간 1만 2천여 명이 자살하는데 그 70-80%가 우울증 때문이라고 합니다. 우울증의 주요 원인은 공허감, 좌절감, 비관적인 생각으로 이러한 허무와 무의미의 절망감이 사람을 삼켜 버리는 것입니다.

성경에도 히브리적 허무주의에 빠진 사람의 외침이 기록되어 있습니다. 그 누구와 비교할 수 없이 지혜롭고 온갖 부귀영화를 누렸던 솔로몬 왕은 인생의 무의미와 허무함을 이렇게 고백했습니다. "그 후에 내가 생각해 본즉 내 손으로 한 모든 일과 내가 수고한 모든 것이 다 헛되어 바람을 잡는 것이며 해 아래에서 무익한 것이로다"(전도서 2장 11절).

인간은 또한 죽음과 무(無)로 인해 절망적입니다. 인간은 한번 나서 죽고 나면 무로 돌아가는 존재라는 것입니다. 인간은 태어날 때부터 죽음의 세력과 직면해 살게 됩니다. 인간은 한시도 죽음의 그림자를 벗어 버리지 못합니다. 그렇기 때문에 키에르케고르(Søren Aabye Kierkegaard)는 인간을 '죽음에 이르는 병'에 걸린 존재라고 말했던 것입니다.

오늘날 의학이 아무리 발달했다고 하더라도 인간은 대개 백 년 안에 죽음을 맞이하고 결국 한 줌의 흙으로 돌아가고 맙니다. 인간은 누구나 죽음과 함께 모든 것을 잃게 됩니다. 중국 전국 시대의 철학자 양자(楊子)는 "만물이 서로 다른 것은 삶이요, 서로 같은 것은 죽음이다. 살아서는 현명하고 어리석은 것과 귀하고 천한 것이 있으니 이것이 서로 다른 점이요, 죽어서는 썩어서 냄새 나며 소멸되어 버리니 이것이 서로 같은 점이다."라고 말했습니다. "수의(壽衣)에는 호주머니가 달려 있지 않다."라는 말이 있습니다. 인간은 누구든지 한번 죽으면 아무것도 소유할 수 없다는 것입니다. 이처럼 죽음은 모든 것을 사라지게 합니다. 성경은 이러한 인간을 '잠깐 보이다가 없어지는 안개'라고 합니다. "내일 일을 너희가 알지 못하는도다 너희 생명이 무엇이냐 너희는 잠깐 보이다가 없어지는 안개니라"(야고보서 4장 14절). 이것이 죽음과 무의 절망을 지닌 인간의 모습입니다.

이처럼 인간은 죄의 절망과 허무와 무의미의 절망, 죽음과 무의 절망을 지닌 존재입니다.

둘째, 인간은 도움이 필요한 존재입니다.

인간은 생존을 위해 도움을 필요로 합니다. 어려서는 부모님의 보살핌이 필요하고, 성장해서는 타인과의 우호적인 관계가 필요합니다. 이것을 우리는 매슬로우(Abraham H. Maslow)의 '욕구 단계설'을 통해서 보다 분명히 알 수 있습니다. 인간이 생존하기 위해서는 생명을 유지시키는 생리적 욕구, 신체적·감정적 안전을 추구하는 안전 욕구, 집단에 소속되고 사랑받고 싶은 소속감과 애정 욕구, 다른 사람에게 인정과 존경을 받기 원하는 존경 욕구, 자기의 존재 가치를 실현하고자 하는 자아실현의 욕구 등이 채워져야 합니다. 이러한 욕구들이 단계적으로 잘 충족될 때 건강한 인간으로 살아갈 수 있습니다. 그래서 인간은 독불장군처럼 혼자서는 살 수 없고 다른 사람들과의 관계 속에서 도움을 주고받으며 사는 것입니다.

또한 인간은 한계 상황에 처할 때 도움을 필요로 합니다. 지난 2001년 미국의 9·11 테러 사건이나 2003년 대구 지하철 화재 사건, 2004년 동남아를 휩쓴 쓰나미, 2005년 미국 뉴올리언즈의 허리케인 등은 인간의 무능과 한계를 절감하게 한 대표적인 사건들입니다. 인간은 이와 같은 한계 상황을 만날 때, 자신의 한계를 인정하고 절대자의 도움을 필요로 하고 신앙에 의지하게 됩니다.

L. A. 타임스에 의하면 대부분의 미국 의사들은 종교가 병을 치유하는 데 효과가 있다고 믿는다고 합니다. 최근 미국의 의사 1,144명을 대상으로 실시한 조사 결과 85%가 '종교와 영성이 환자들의 건강에 긍정적인 영향을 준다.'고 응답했습니다. 또 '신이나 초자연적인 힘에 의해 환자가 치유될 수 있다고 믿느냐?'는 질문에도 54%가 '그렇다'라고 답했습니다.

샌타모니카의 세인트존스 병원 흉부외과 과장 존 로버트(John Robert)는 "20년 동안 환자들을 지켜본 결과 하나님이 자신을 돕는다고 믿는 환자들이 더 빨리 회복되는 것을 발견했다."며 신앙이 있는 환자들이 치료 과정의 고통과 두려움을 보다 의연하게 받아들이고 극복한다고 했습니다. 인간은 절대적인 힘을 가진 신적 존재의 도움을 받을 때 훨씬 어려움을 잘 극복하는 것입니다.

이처럼 인간은 자기 힘만으로는 살아갈 수 없는 존

재입니다. 생존을 위해 또는 한계 상황에 처할 때 우리는 다른 사람이나 절대자의 도움을 받아야 살아갈 수 있는 것입니다. 무엇보다 절대자와의 만남은 우리에게 커다란 도움을 줍니다.

셋째, 그러므로 인간은 예수님이 필요한 존재입니다.

예수님은 "수고하고 무거운 짐 진 자들아 다 내게로 오라 내가 너희를 쉬게 하리라 나는 마음이 온유하고 겸손하니 나의 멍에를 메고 내게 배우라 그리하면 너희 마음이 쉼을 얻으리니 이는 내 멍에는 쉽고 내 짐은 가벼움이라"(마태복음 11장 28-30절)고 말씀하십니다. 예수님은 죄와 허무와 죽음의 절망 가운데 무거운 멍에를 홀로 지고 고통스러워하고 있는 인간을 도와주시기를 원하십니다.

인간은 예수님을 만날 때 절망이 희망으로 변합니다. 예수님을 만나면 허무하고 무의미하던 삶에 의미

와 목표가 생기고, 나아가 삶에 대한 보람과 의욕을 갖게 됩니다. 예수님께서 십자가에서 인간의 죄와 허무와 죽음의 절망을 해결하시고 희망의 빛으로 부활하셨기 때문입니다.

 2004년에 극장에서 상영되어 많은 사람들에게 감동을 주었던 '패션 오브 크라이스트'(The Passion of the Christ)라는 영화가 있습니다. 이 영화의 제작자는 미국의 영화배우 멜 깁슨(Mel Columcille Gerard Gibscn)입니다. 그는 호주 출신으로 미국에 정착해 배우로 성공했으며 '브레이브 하트'(Brave heart)라는 영화로 1996년에 아카데미 최우수 작품상과 감독상을 수상했습니다. 그는 세계 영화의 중심지인 할리우드 최고의 배우였고 큰 명예와 인기와 돈을 얻은 사람입니다. 그러나 그에게는 채워지지 않는 내면의 공허가 있었습니다. 명예도 인기도 돈도 그의 공허한 마음을 채워 주지 못하였고 삶은 그에게 무의미하고 허무하기만 했습니다. 견디다 못한 그는 마침내 호텔 발코니에서 뛰어내려 자살하기로 결심했습니다.

그러던 그가 예수님을 만나는 놀라운 영적 체험을 하게 되었습니다. 이 체험이 그의 삶을 바꾸어 놓았습니다. 예수님을 구주로 영접한 그는 자신의 삶의 의미를 갖게 되었습니다. 영화 사업에 종사하는 삶의 목적을 발견하게 되었던 것입니다. 그래서 그는 예수 그리스도에 대한 영화를 만들기로 결심했습니다. 그가 영화사를 세우고 제작한 첫 작품이 바로 그리스도의 수난을 다룬 '패션 오브 크라이스트'였습니다.

이처럼 예수님을 만나면 세상의 재물이나 명예나 권력으로도 채워지지 않던 삶의 허무와 무의미가 채워지고 절망이 희망으로 변하게 됩니다. 무엇보다 우리가 예수님을 만날 때 우리의 존재 의미를 분명히 알게 됩니다. 성경은 예수님 안에 있는 인간의 존재에 대해 다음과 같이 말씀합니다. "너희는 택하신 족속이요 왕 같은 제사장들이요 거룩한 나라요 그의 소유가 된 백성이니 이는 너희를 어두운 데서 불러내어 그의 기이한 빛에 들어가게 하신 이의 아름다운 덕을 선포하게 하려 하심이라"(베드로전서 2장 9절).

예수님을 만날 때 인간은 참으로 존귀하고 의미 있고 아름다운 존재가 됩니다. 우리가 예수님을 만날 때 절망의 존재가 소망의 존재로, 무의미한 존재가 의미 있는 존재로, 그리고 삶의 목적 없는 존재가 목적이 분명한 존재로 변하게 되는 것입니다.

사랑하는 여러분, 예수님 앞으로 나오십시오. 그분을 만나십시오. 예수님은 어제나 오늘이나 영원토록 동일하신 분입니다. 과거 역사 속의 인물이 아니라 죽음에서 부활하여 오늘도 살아 계신 분입니다. 예수님은 언제나 우리를 만나기 위해 기다리고 계십니다. 우리가 그분께 나아가면 그분은 우리와 함께하시며 우리를 좋은 길로 인도해 주십니다. 영혼이 잘됨같이 범사가 잘되고 강건하며 생명을 얻되 풍성히 얻게 되는 복된 길로 나아가게 해 주십니다. 그분과의 만남은 결코 후회가 없습니다. 여러분 모두 예수님을 만남으로 참으로 의미 있고 복된 삶을 살게 되시기를 간절히 기원합니다.

A Springboard for Future

당신에게 다가오는 고난의 의미를 아십니까?

"다만 이뿐 아니라 우리가 환난 중에도 즐거워하나니 이는 환난은 인내를, 인내는 연단을, 연단은 소망을 이루는 줄 앎이로다"(로마서 5장 3-4절)

한 나라의 국왕이 그 나라의 내로라하는 학자들을 불러서 '인류의 역사'라는 제목을 주며 책을 집필하라고 지시하였습니다. 학자들은 심사숙고하여 인류의 역사를 연구한 끝에 상당한 분량의 책을 만들어 국왕에게 가지고 왔습니다. 그 책을 본 국왕은 너무 부피가 많아서 읽기 힘드니 간단히 요약하여 제출하라고 명하였습니다. 학자들은 고심 끝에 방대한 양의 책을 단 한 장으로 요약하여 국왕에게 바쳤습니다. 거기에는 한 단어가 적혀 있었습니다. 'Suffering'(고난).

그렇습니다. 인간의 삶은 고난의 연속입니다. 인간의 삶을 나타내는 '생로병사'라는 단어 그 자체만으로도 고난을 잘 표현해 주고 있습니다. 세계적인 실존주의 철학자인 키에르케고르(Søren Aabye Kierkegaard)도 "나는 고통한다. 그러므로 나는 존재한다."(I struggle, therefore I am.)라고 말하였습니다.

왜 인간은 이와 같은 고난을 받으며 살아가는 것일까요? 저는 오늘 여러분과 함께 우리의 삶 가운데서 겪는 여러 가지 고난의 종류와 그 의미에 대하여 은혜를 나누고자 합니다.

첫째, 아담의 불순종으로 찾아온 보편적인 고난

모든 사람은 예외 없이 고난을 당하며 살고 있습니다. 그 이유는 인류의 조상 아담이 하나님의 말씀을 불순종하였기 때문입니다. 성경은 "아담에게 이르시되 네가 네 아내의 말을 듣고 내가 네게 먹지 말라 한 나무의 열매를 먹었은즉 땅은 너로 말미암아 저주를 받고 너는 네 평생에 수고하여야 그 소산을 먹으리라 땅이 네게 가시덤불과 엉겅퀴를 낼 것이라"(창세기 3장 17-18절)고 말씀하고 있습니다.

인간의 조상 아담이 하나님의 말씀을 불순종하자

인간은 하나님과의 관계가 단절되었고, 인간의 영은 죽음에 이르게 되었습니다. 환경이 저주를 받아서 땅에서는 가시와 엉겅퀴가 나게 되었고, 인간은 이마에 땀을 흘리며 수고를 해야만 먹고사는 처지가 되었습니다. 인간은 질병과 고통과 죽음을 피할 수 없는 절망적인 운명에 처하게 되었습니다. 이러한 고난은 아담뿐만 아니라 모든 인류에게 상속되는 고난입니다. 어느 누구도 이 세 가지 고난에서 벗어날 수 없습니다.

그러나 하나님께서는 모든 인류가 고난 가운데서 벗어날 수 있도록 독생자 예수 그리스도를 인간의 모습으로 이 땅에 보내셔서 죄의 대가를 지불하게 하셨습니다. 성경은 '죄의 삯은 사망'이라고 하였습니다(로마서 6장 23절). 순결한 인간의 죽음만이 불순종의 죗값으로 내려진 고난을 철폐할 수 있습니다. 그러므로 죄 없으신 하나님의 아들 예수 그리스도께서 인간의 죄를 대신 짊어지고 십자가에서 죽음을 당하심으로 아담의 불순종으로 인하여 다가온 인간의 고난을 모두 청산해 주신 것입니다. 예수님께서는 "수고하고 무거운 짐 진 자들아 다 내게로 오라 내가 너희를 쉬게 하리라"(마태복음 11장 28절)고 말씀하시며 고난 가운데 있는 우리를 부르고 계십니다.

둘째, 자아를 성장시키는 고난

하나님께서는 아담의 불순종으로 겪게 되었던 인류의 모든 고난을 예수님을 통해 청산해 주셨지만, 우리 안에서 꿈틀거리고 있는 죄성을 다스리고 그리스도의 장성한 분량에 이르게 하시기 위하여 때로는 우리에게 특별한 고난도 경험하게 하십니다. 이 고난은 우리의 자아를 깨뜨리고 변화와 성장과 유익을 가져다주는 고난이며, 자기중심적인 삶을 하나님 중심인 삶으로 변화시키는 자기 정화(自己淨化)를 위한 고난입니다.

우리가 포도주 제조 과정을 살펴보면 자기 정화에 대한 의미를 쉽게 이해할 수 있습니다. 좋은 포도주를 만들기 위해서는 먼저 양질의 포도를 밟아서 그릇에 담아 놓습니다. 그런 다음 다른 그릇에 옮겨 부으면 처음 그릇에는 포도 찌꺼기만 남게 되고, 옮긴 그릇에는 꽤 맑은 포도즙이 담기게 됩니다. 이러한 과정을 여러 차례 반복하면 나중에는 불순물이 제거된 아주 맑은 포도즙만 남게 되어 숙성 과정을 거치면 좋은 포도주가 되는 것입니다.

우리의 인생도 마찬가지입니다. 분노와 욕심, 이기심과 개인주의, 열등감과 패배 의식이 마음에 가득 차 있는 사람은 찌꺼기가 가득한 포도즙 같은 사람입니다. 이런 사람이 변화하기 위해서는 마음에 가득 찬 찌꺼기를 거르는 정화의 과정이 필요합니다. 하나님께서는 오랜 성장 과정에서 고착화된 인간의 자아를 깨뜨리시기 위해 적절한 고난과 희생과 인내의 과정을 요구하십니다. 하나님께서 주시는 이러한 특별한 고난을 통해 우리 인간의 자아가 깨지고 변화되고 성장할 수 있습니다.

우리가 많이 사용하는 속담 가운데 "젊어서 고생

은 사서도 한다."라는 말이 있습니다. 고난이 유익을 가져오기 때문에 나온 속담입니다. 정신과 전문의 에릭 린드맨(Erick Lindman) 박사가 위기를 당한 사람들을 대상으로 재미있는 조사를 했습니다. 그는 병든 사람들, 사업에 실패한 사람들, 또 사회적으로 어려움을 당한 사람들, 위기를 당했던 사람들을 조사한 결과, 위기를 당한 사람들의 85%가 결국 위기가 축복이 되었다는 결론을 얻게 되었습니다. 이러한 통계는 비록 예수 그리스도를 믿지 않는 사람일지라도 고난을 슬기롭게 극복함을 통해서 인생이 새롭게 변화되고 발전하고 성장할 수 있다는 것을 잘 보여 주고 있습니다. 여러분, 이처럼 예수 그리스도를 알지 못하는 많은 사람들이 고난을 극복함으로써 유익을 누리고 있는데, 하물며 예수 그리스도를 믿는 우리들이 하나님께서 주시는 고난을 극복하면 얼마나 큰 축복과 유익이 기다리고 있겠습니까?

기자로 일하던 한 여성이 불의의 사고로 다리를 크게 다쳐서 실직하게 되었습니다. 그녀는 자신의 처지에 대해 원망하거나 낙심하지 않고 글을 쓰기 시작했습니다. 하지만 그녀가 10년 동안 심혈을 기울여 완성한 1,037페이지의 대작을 어느 출판사에서도 출판하려고 하지 않았습니다. 무명작가의 소설을 출판하는 것은 매우 위험한 모험이기 때문입니다. 아무런 성과 없이 3년의 세월이 흘러 그녀의 원고는 너덜너덜해졌습니다. 그러나 그녀는 이러한 시련이 자신을 향한 하나님의 놀라운 축복을 위한 계획이요, 과정이라고 생각하고 끊임없이 기도하면서 연단의 과정을 슬기롭게 극복하였습니다. 그러던 어느 날 애틀랜타 지방 신문에 '뉴욕 맥밀란출판사의 사장 레이슨이 애틀랜타를 방문한다.'라는 기사가 실렸습니다. 그녀는 애틀랜타를 방문하고 기차 편으로 떠나는 레이슨에게 "제가 쓴 원고예요. 부탁이니 한 번만 읽어 보세요!"라고 간곡히 부탁하면서 원고 뭉치를 건넸습니다. 레이슨은 장거리 여행을 하는 동안 무료함을 달래기 위해서 원고를 읽기 시작했습니다. 처음에는 무심코 원고를 읽기 시작했지만, 얼마 지나지 않아서 그는 원고

에서 눈을 뗄 수가 없었습니다. 그는 곧장 그 원고를 가지고 출판을 하였는데, 출판된 책은 하루에 5만 부 이상 팔렸고, 12개 국어로 번역되었으며, 영화로도 제작되어 세계적인 화제작이 되었습니다. 그 책이 바로 마가렛 미첼(Margaret M. Mitchell)이 쓴 「바람과 함께 사라지다」입니다. 마가렛 미첼에게 다가온 고난은 결국 전화위복이 되어 절망의 삶을 성공으로 이끌게 된 것입니다.

영국의 신학자인 토마스 아담스(Thomas Adams)도 "그대에게 시련을 주는 것은 무엇이나 그대의 유익으로 계산하라."고 하나님께서 주시는 고난의 유익에 대해 말하고 있습니다.

셋째, 복음과 이웃을 위한 영광스러운 고난

우리가 겪는 고난 중에는 영광스러운 고난도 있습니다. 복음을 위하여 스스로 택한 고난, 이웃과 함께 고통과 슬픔과 아픔을 함께 나누며 겪는 고난은 영광스러운 고난입니다. 우리의 시간과 물질을 기꺼이 나누며 이웃을 섬길 때, 우리는 삶의 참된 의미와 가치를 깨닫게 되고 참된 행복과 기쁨을 누리게 됩니다.

오늘날처럼 풍요로운 시대를 살면서도 많은 사람들이 삶에서 만족과 행복을 느끼지 못하는 이유가 무엇일까요? 많은 이유가 있겠지만 대표적인 것이 물질만능주의가 만든 과도한 소유욕 때문입니다. 행복은 결코 소유의 많고 적음에 있지 않습니다. 참된 행복은 나누어 주는 데에 있습니다. 우리가 가지고 있는 것을 이웃과 나누고 하나님으로부터 받은 사랑과 행복을 이웃과 나눌 때, 참된 기쁨과 행복을 누릴 수 있습니다. 이러한 나눔은 이미 예수님께서 우리에게 성경을 통해 가르쳐 주셨습니다. *"인자가 온 것은 섬김을 받으려 함이 아니라 도리어 섬기려 하고 자기 목숨을 많은 사람의 대속물로 주려 함이니라"*(마태복음 20장 28절).

'가난한 자들의 어머니'로 불리는 테레사(Teresa) 수녀는 1910년 유고슬라비아에서 태어나 18세에 수녀가 되었습니다. 그리고 얼마 후 인도로 가서 수녀회에서 운영하는 고등학교 교사로 일하다가 나중에 그 고등학교 교장까지 되었습니다. 그런데 하루는 기도 중에 하나님께로부터 사명을 받게 되었습니다. '가난한 사람들 가운데 더욱 가난한 사람들을 섬기며 일생을 보내라.'는 명령이었습니다. 그녀는 사명을 받고서 곧장 인도 콜카타(옛 지명: 캘커타)의 빈민굴로 들어갔습니다. 그곳에서 그녀는 복음을 전하고, 아이들을 가르치며, 길거리에서 죽어 가는 환자들을 데려다가 돌보았습니다. 그녀는 "우리가 하는 말 자체가 중요하지 않습니다. 중요한 것은 우리를 통해서 말씀하시는 하나님이십니다."라고 말하며 하나님의 사랑을 행동으로 실천해야 함을 강조했습니다. 1997년 9월 5일 세상을 떠나면서 그녀는 "가난한 이들이 절실히 바라는 것은 동정이 아니라 따뜻한 사랑입니다."라는 유언을 남겼습니다.

　이처럼 복음을 위해, 사명을 위해 스스로 택한 고난은 하나님의 사랑과 위로와 평안이 함께하는 영광스러운 고난입니다. 테레사 수녀는 이러한 고난을 택하여 그 길을 일평생 걸었습니다. 그러나 그녀는 가난하고 병든 이웃을 위해서 자기의 청춘을 바치고 사랑과 행복을 아낌없이 나누어 주었기 때문에 행복할 수 있었습니다. 아무나 느낄 수 없는 참된 행복과 기쁨을 느낀 것입니다. 아마도 복음과 이웃을 위해서 스스로 택한 고난만큼 영광스러운 고난은 없을 것입니다.

로마서 8장 17절부터 18절에는 고난과 영광의 관계에 대하여 다음과 같이 기록되어 있습니다. "*자녀이면 또한 상속자 곧 하나님의 상속자요 그리스도와 함께 한 상속자니 우리가 그와 함께 영광을 받기 위하여 고난도 함께 받아야 할 것이니라 생각하건대 현재의 고난은 장차 우리에게 나타날 영광과 비교할 수 없도다*".

하나님을 위해 받는 고난은 영광이 됩니다. 이웃과 함께 나누는 고통과 수고 또한 영광이 됩니다. 예수님께서 우리의 죄를 위해 십자가를 지시고 고통당하신 것처럼, 남을 위해 자신을 희생하는 것은 참으로 괴롭고 힘든 일입니다. 그러나 고통 뒤에 형언할 수 없는 행복과 기쁨이 준비되어 있다는 것을 기억하십시오.

　아담으로부터 유전된 인간의 고난은 저주입니다. 그러나 예수 그리스도께서는 이미 십자가의 공로로 인류의 고난을 청산하셨습니다. 예수 그리스도를 통해 고난을 청산하신 하나님께서는 그의 백성들의 자아를 깨뜨리고 변화시키고 성장시키기 위해서 연단이나 고난을 주시기도 합니다. 그렇기 때문에 우리는 비록 고난이 따를지라도 예수님의 희생과 섬김을 본받아 하나님과 이웃을 겸손히 섬겨야 할 것입니다. 이웃의 슬픔과 고통을 나누는 거룩한 고난에 동참하는 삶이 *"네 이웃을 네 자신과 같이 사랑하라"*(마태복음 19장 19절)는 주님의 말씀에 순종하는 삶이며, 영광에 이르는 길이기 때문입니다.

　여러분 모두 삶 가운데서 다가오는 모든 고난을 지혜롭게 극복하여 영혼이 잘됨같이 범사가 잘되고 강건하며 생명을 얻되 풍성히 얻게 되는 축복을 누리시기를 예수님의 이름으로 간절히 축원합니다.

A Springboard for Future

당신의 꿈이 죽을 때

"우리가 선을 행하되 낙심하지 말지니 포기하지 아니하면 때가 이르매 거두리라"(갈라디아서 6장 9절)

사람들은 누구나 크고 작은 꿈들을 가슴에 품고 살아갑니다. 그리고 그 청운의 꿈들이 산산조각 나서 깨어질 때 마치 죽음과 같은 절망을 맛보게 됩니다. 꿈이 깨어지는 것이 아니라 마치 내 자신이 깨어지고 죽는 것 같은 아픔을 겪기 때문입니다.

　성경에 나오는 모세라는 인물 역시 이 죽음 같은 절망을 체험한 대표적 인물입니다. 그는 이집트에 거주하던 히브리 민족의 집안에서 태어났지만 어릴 때 이집트 공주의 양자가 되어 40년간 바로(Pharaoh)의 왕궁에서 자랐습니다. 그래서 그는 이집트의 왕자로서 당대 최고의 교육과 무술을 익히고 호사스런 생활을 하였습니다. 하지만 그의 몸과 의식에는 여전히 히브리 민족의 피와 정기가 흐르고 있었습니다.

　어느 날 모세는 자신의 민족이 처한 정황을 살피러

궁 밖에 나갔다가 노역장에서 히브리인을 학대하는 이집트인을 보고 분개한 나머지 그를 쳐 죽였습니다. 이는 그의 불타는 민족애와 사명감에서 우러나온 행동이었으며, 그는 이러한 자신의 행동이 민족 해방의 봉기가 될 것으로 믿었습니다. 그러나 그의 예상과는 달리 그의 영웅적 행동에 대해 동족들의 반응은 냉담하였고, 오히려 그는 신변의 위협까지 받게 되었습니다. 결국 그는 큰 충격과 좌절감 속에 미디안 광야로 도주하여 40년간 은둔 생활을 하게 되었습니다.

한때 일국의 왕자로 화려하게 살았던 모세, 민족 해방의 대망을 불태웠던 그는 인생의 절정기인 40년의 기간을 광야에서 도주자로, 실패자로 살아가게 되었습니다. 일개 목동이 되어 좌절과 낙심 그리고 숱한 번민 가운데 찬란한 희망도 삶의 의지도 다 잃어버렸습니다. 그렇게 모세와 그의 꿈은 광야에서 죽어 가고 있었습니다.

그런 그에게 어느 날 하나님께서 홀연히 나타나셨습니다. 그렇게 찾고 부르짖어도 침묵하시던 하나님께서 나타나셔서 그에게 사명을 맡기셨습니다. 그것은 그가 40년 전에 시도했던 민족 해방의 사명이었습니다. 모세는 마치 꿈을 꾸는 것 같았습니다. 처음에는 혈기 왕성한 40대 청춘이 아닌 늙고 쇠약한 80대에 자신을 부르신 하나님의 섭리를 이해하기 어려웠지만, 그는 기억의 휴지통에 버렸던 꿈의 조각들을 다시 주워 맞추기 시작하였습니다. 그리고 일어나 지팡이를 들고 백발을 날리며 이집트로 향하였습니다. 그의 필생의 꿈대로 그는 430년간 이집트의 노예로 압제 받던 히브리 민족을 해방시켜 지금의 이스라엘 땅으로 인도한 민족의 영웅이자 지도자가 되었던 것입니다.

그렇다면 우리 인생에 왜 꿈의 무덤과 같은 죽음의 골짜기가 있는 것일까요? 왜 하나님께서는 찬란한 꿈을 품은 우리를 생명의 강가로 인도하시지 않고 먼저 죽음의 골짜기로 인도하실까요? 여기에는 인생의 깊은 진리가 담겨 있습니다. 우리 옛말에도 "산이 높으면 골이 깊다."는 말이 있고 서양에도 "No cross, no crown."(고난 없이 영광 없다.)라는 말이 있듯이, 우리의 꿈이 크고 그로 인한 영광이 클수록 우리가 겪는 고난 역시 클 수밖에 없는 것입니다.

간혹 신학교를 갓 졸업한 목회 초년생들이 저에게 "목사님, 저도 몇 십만 명의 성도를 목회하는 목회자가 되겠습니다."라고 말할 때가 있습니다. 그때마다 저는 소위 큰 목회를 하려면 그에 따른 시련을 겪을 수밖에 없는데 그럴 자신이 있느냐고 먼저 물어보곤 합니다. 만일 누가 저에게 다시 20대로 돌아가 목회를 시작하라고 하면, 저는 도저히 못하겠다고 대답할 정도로 저의 꿈을 위해 혹독한 대가를 치렀습니다. 폐결핵으로 죽음의 장벽을 넘나들던 참담한 체험, 군대에서 8시간 동안 복부 수술을 받은 후 시체처럼 버림을 당했던 일, 목회하면서 심장병과 신경 쇠약으로 인해 몸부림치며 괴로워했던 경험, 교회를 건축하면서 당했던 고난, 세계 각국으로 선교하러 다니며 겪었던 신변의 위험 등은 제가 품은 꿈의 통과 의례였습니다.

그런데 꿈의 통과 의례와 같은 이 죽음의 골짜기는 다음과 같은 커다란 유익을 우리에게 줍니다.

첫째, 꿈이 깨어지는 죽음의 골짜기를 통과할 때 우리는 보다 성숙한 사람이 됩니다.

우리의 꿈이 깨어질 때 우리의 자아가 깨어지게 됩니다. 우리의 자아가 깨어짐으로 우리 안의 불순물들이 제거되게 됩니다. 만약 우리 안의 강한 이기적 자아와 고집이 깨어지지 않은 상황에서 꿈이 이루어지면, 우리는 쉽게 교만해지고 우쭐해져서 독불장군이 되고 말 것입니다. 그리고 무소불위의 권력을 휘두르다가 그만 간신히 이룬 꿈을 지키지 못하고 쏟아 버릴 것입니다. 그래서 성경은 "그가 나를 단련하신 후에는 내가 순금같이 되어 나오리라"(욥기 23장 10절)고 숱한 고난 가운데 승리한 욥의 고백을 언급하고 있으며, "고난당한 것이 내게 유익이라 이로 말미암아 내가 주의 율례들을 배우게 되었나이다"(시편 119편 71절)라고 말씀하고 있습니다.

모세의 경우도 마찬가지입니다. 그가 설사 40대에 그의 생각과 힘으로 히브리 노예 해방에 성공했다 하

더라도, 노예 신분에서 갓 해방된 300만 히브리인들의 미숙한 팔로우어십(followership)과 그의 혈기 방자한 리더십(leadership)이 부딪쳐서 그들은 자중지란의 내부 분규로 멸망할 수도 있었을 것입니다. 그러므로 모세의 40년간의 광야 생활은 그의 꿈의 무덤일 뿐만 아니라 그의 꿈의 부화 장소요, 진정한 리더십을 배우는 광야 학교였습니다. 엘리트는 학교에서 배출되지만, 리더는 광야에서 길러지는 법입니다. 그는 말귀를 못 알아듣는 양 떼를 치면서 자신의 혈기를 다스리고 인내하는 법을 배웠을 것입니다. 그 증거로 성경은 한때 순간적 울분에 주먹을 휘둘러 사람을 죽인 그를 "온유함이 지면의 모든 사람보다 더하더라"(민수기 12장 3절)고 재평가한 것입니다. 또한 출신과 문화와 풍습이 자기와 다른 사람들과의 동거를 통해 삶의 다양성을 인정하고 포용하는 법을 배웠을 것입니다. 그리고 광야에서의 묵상을 통해 민족 대업이라는 미명하에 자신의 인간적 야망을 실현하려고 했던 것은 아닌지 자신의 동기의 순수성을 재점검했을 것입니다.

둘째, 꿈이 깨어지는 죽음의 골짜기를 통과하면서 한계 상황에 부딪힐 때 비로소 우리는 전능자 하나님을 찾게 됩니다.

"인간의 끝이 하나님의 시작이다."라는 말처럼, 우리의 인격과 능력의 한계를 진정으로 인정할 때 우리는 비로소 하나님께 손을 내밀 수 있게 됩니다.

미국의 유명한 부흥사인 무디(Dwight Lyman Moody)는 모세의 생애를 다음과 같이 표현했습니다. "처음 40년 동안에 모세는 자신이 '대단한 인물'(something)이라고 생각하며 살았다. 그다음 40년 동안에는 자신이 '아무것도 아닌 자'(nothing)임을 알게 되었다. 그리고 마지막 40년 동안에는 하나님이 들어 쓰시면 '아무것도 아닌 자'(nothing)가 '모든 것을 할 수 있는 자'(everything)가 될 수 있음을 아는 삶을 살았다."

성경에는 이와 같이 말씀하고 있습니다. *"내게 능력 주시는 자 안에서 내가 모든 것을 할 수 있느니라"*(빌립보서

4장 13절). "우리가 이 보배를 질그릇에 가졌으니 이는 심히 큰 능력은 하나님께 있고 우리에게 있지 아니함을 알게 하려 함이라"(고린도후서 4장 7절).

모세는 그의 인생의 첫 40년 동안은 자신이 보배인 줄 알았지만, 그다음 40년 동안은 자신이 깨어지기 쉬운 질그릇에 불과하다는 것을 깨달았습니다. 그리고 마지막 40년 동안에는 그러한 자신 안에 보배와 같은 하나님이 계시기 때문에 무한한 능력을 갖고 모든 것을 할 수 있음을 깨달았습니다. 삶의 패러다임의 전환을 경험했던 것입니다. 그리하여 그는 자신의 예상을 뛰어넘는 하나님의 손길에 의해 기적적인 방법으로 자신과 민족의 역사에 한 획을 긋는 놀라운 일을 행한 것입니다.

인간의 원죄와 구원의 문제를 다룬 「빙점」(氷點)이라는 소설을 쓴 일본 작가 미우라 아야코(三浦綾子)는 13년간 폐결핵과 척추 카리에스로 고생을 한 사람이었습니다. 죽음의 문턱까지 간 처절한 고난 속에서 그녀는 하나님을 만나 놀라운 치유함을 받고 작가로서 새로운 삶을 시작하게 되었습니다. 그녀는 늘 이렇게 고백하였다고 합니다. "하나님께서는 미약한 나의 생명까지도 사랑하셔서 어떤 형태로든 다른 사람을 위해 살도록 하셨습니다. 그리고 병으로 고생한 것은 결코 저주가 아니라 하나님을 만난 축복의 통로였습니다."

그렇습니다. 우리는 인생길을 홀로 걸어갈 것이 아니라 우리의 창조주요, 우리의 구주요, 우리의 도움이 되시는 하나님을 만나고 그분과 동행해야 합니다. 그리할 때 우리의 죽은 꿈이 부활하고, 절망 가운데서도 희망의 끈을 붙잡게 되며, 영원하시고 무한하신 하나님을 자원으로 삼아 새로운 삶을 시작할 수 있는 것입니다. 꿈이 부활하면 절망스러운 상황 가운데서도 쉽게 낙망하지 않으며, 영화로움을 맛보아도 함부로 교만해지지 않습니다. 이것이 바로 꿈의 죽음의 골짜기가 주는 유익인 것입니다.

여러분, 선한 꿈을 품었는데 그 꿈이 죽는 경험을

하고 있습니까? 처절한 실패의 고통과 쓰라림을 안고 몸부림치고 있습니까? 그 꿈의 죽음을 꿈의 부화로, 광야 같은 실패의 쓰라림을 진정한 리더로 거듭나기 위한 훈련의 과정으로 받아들이십시오. 그리고 혼자 고민하지 마시고 전능하신 하나님을 인정하고 그분의 손을 붙잡고 나아가십시오. 그럴 때 여러분의 꿈은 새로운 차원으로 다시 살아날 것입니다.

A Springboard for Future

왜 고난이 필요한가?

"그러므로 우리가 낙심하지 아니하노니 우리의 겉사람은 낡아지나 우리의 속사람은 날로 새로워지도다 우리가 잠시 받는 환난의 경한 것이 지극히 크고 영원한 영광의 중한 것을 우리에게 이루게 함이니 우리가 주목하는 것은 보이는 것이 아니요 보이지 않는 것이니 보이는 것은 잠깐이요 보이지 않는 것은 영원함이라"(고린도후서 4장 16-18절)

영국의 북쪽 바다에서 청어 잡이를 하는 어부들의 가장 큰 관심사는 '어떻게 하면 런던까지 청어를 싱싱하게 살려서 운반할 수 있을까?'였다고 합니다. 어부들이 아무리 노력해도 런던에 도착하면 청어들이 거의 다 죽어 있었기 때문입니다. 그런데 한 어부의 청어들만은 유독 싱싱하게 살아 있어서 비싼 값에 팔리는 것이었습니다. 동료 어부들이 그 비결을 물어보자 그는 다음과 같이 말했습니다. "나는 청어를 넣은 통에다 메기를 한 마리 집어 넣네. 그러면 메기가 청어를 잡아먹기는 하지만 기껏해야 두세 마리밖에 못 잡아먹지. 하지만 그 통 안에 있는 수백 마리의 청어는 먹히지 않으려고 필사적으로 계속 도망쳐 다니지. 그러다 보면 런던까지 오는 그 긴 시간 동안에도 청어들은 여전히 싱싱하게 살아 있게 되는 것이네."

우리의 삶도 마찬가지입니다. 우리의 삶 가운데 맞닥뜨리게 되는 고난은 너무나도 고통스럽고 몸서리쳐지는 것입니다. 그러나 메기로부터 살아나기 위한 몸부림이 청어들을 싱싱하게 살아 있게 한 것처럼, 고난을 이겨 내기 위한 처절한 몸부림이 우리 개인과 인류 문명의 존속을 가능하게 한지도 모릅니다. 그렇다면 고난이 우리의 삶에 필요한 이유는 구체적으로 무엇일까요?

첫째, 고난이 없는 삶은 발전이 없기 때문입니다.

평안한 삶에는 발전이 없습니다. 사람들은 근심, 걱정 없이 마냥 축복만 받는 삶을 원합니다. 그러나 고난이 없는 삶은 발전이 없습니다.

성경을 보면 "모압은 젊은 시절부터 평안하고 포로도 되지 아니하였으므로 마치 술이 그 찌끼 위에 있고 이 그릇에서 저 그릇으로 옮기지 않음 같아서 그 맛이 남아 있고 냄새가 변하지 아니하였도다 그러므로 야훼께서 말씀하시니라 날이 이르리니 내가 술을 옮겨 담는 사람을 보낼 것이라 그들이 기울여서 그 그릇을 비게 하고 그 병들을 부수리니"(예레미야 48장 11-12절)라는 말씀이 있습니다. 포도즙에는 껍질과 씨와 같은 찌끼가 섞여 있습니다. 그래서 사람들은 찌끼를 가라앉힌 후 맑은 포도즙만 따로 다른 그릇에 붓는데, 이러한 과정이 여러 번 반복되면서 맑고 향기로운 포도주가 만들어집니다. 그런데 고대 이스라엘의 변경에 있던 모압이라는 나라는 외부의 침략을 받지 않았기 때문에 이곳저곳으로 옮겨지는 것과 같은 고난이 없었고 그 결과 '게으름'과 '나태'라는 찌끼가 끼었다는 말씀입니다. 계속된 평안으로 말미암아 옛 습관과 전통에 안주해 있어서 발전이 없었다는 것입니다. 그렇기 때문에 하나님께서는 모압의 묵은 찌끼를 제하시고 모압을 새롭게 변화시키기 위해서 고난을 허락하셨다는 말씀입니다.

동물의 세계에서도 마찬가지입니다. 오래 전 미국 플로리다 주의 한 해변에서 수많은 갈매기가 떼죽음

을 당한 일이 있었습니다. 갈매기들의 죽음의 원인을 조사하던 조류학자들은 뜻밖의 이유에 깜짝 놀랐습니다. 그 해변에는 새우 잡이 배들이 드나드는데 갈매기들은 고기를 잡지 않고 어부들이 그물을 털 때 땅에 떨어지는 새우들을 먹었다고 합니다. 그런데 기후의 변화로 해류가 달라져 새우 잡이 배들이 전부 남쪽으로 옮겨가게 되자 더 이상 새우를 먹을 수 없게 되어 갈매기들이 집단으로 굶어 죽고 만 것입니다. 바다에 먹이가 될 수 있는 수많은 물고기가 있음에도 불구하고 공짜에 익숙해져 있던 게으른 갈매기들은 먹이를 잡는 수고 대신 굶어 죽는 쪽을 택한 것입니다. 공짜로 먹을 수 있었던 새우가 오히려 재앙이 된 것입니다.

성경은 "게으름이 사람으로 깊이 잠들게 하나니 태만한 사람은 주릴 것이니라"(잠언 19장 15절)고 말씀합니다. 그러므로 하나님께서는 축복만 주시지 않고 우리가 나태에 빠지지 않도록 하기 위해서 때때로 우리에게 고난을 허락하시는 것입니다.

둘째, 고난은 새로운 삶을 창조하기 위한 동력이 되기 때문입니다.

오늘날 우리가 누리는 모든 문명의 이기들, 예컨대 비행기와 선박, 자동차, 전자 제품 등은 모두 전쟁이라는 불안한 시기에 개발된 것입니다. 평화로운 시기에는 이러한 발명과 개발이 더디게 이루어집니다. 그러나 전쟁의 소용돌이 속에서 국가가 흥망성쇠의 기로에 있을 때 사람들은 국가와 민족을 지키기 위해 연구와 개발에 전력투구함으로써 문명을 발전시킵니다.

신앙생활도 마찬가지입니다. 삶이 평안하기만 하면 간절히 기도하지도 않고 신앙의 진보도 없습니다. 그러나 신앙생활에 큰 위기가 닥치면 그것을 극복하기 위해 기도하며 몸부림치다가 신앙이 자라게 되고 신앙의 새로운 차원에까지 나아가게 되는 것입니다.

저는 교회가 급속도로 성장하던 1964년에 과로로 쓰러져 의사로부터 심장이 몹시 나빠졌기 때문에 목

회를 그만두어야 한다는 말을 들었습니다. 28세의 젊은 목사에게 목회를 그만두라는 말은 사형 선고와 다름없었습니다. 저는 하나님께 버림받은 것 같은 고통을 느꼈습니다. 그런데 병상에서 고통스러운 나날을 보내며 기도하던 중 저는 성경을 읽다가 구역 조직의 모델을 발견하였습니다. 우리 교회 성장의 동력이 된 구역 조직이 바로 그 고통스러운 병상에서 탄생하게 된 것입니다. 이 구역 조직으로 인해 저는 목회의 짐을 평신도 리더들과 나누어 지게 되었고 교회는 더욱더 성장하며 활기가 넘치게 되었습니다. 뿐만 아니라 우리 교회의 구역 조직은 셀 그룹(cell group)이라는 이름으로 미국과 유럽과 남미 등에 전해져 세계 각국의 교회 성장에도 크게 일조하게 되었습니다.

과로로 쓰러지는 고난이 없었더라면 구역 조직이라는 새로운 제도의 탄생이 불가능했을 것입니다. 그렇기 때문에 성경은 "우리가 잠시 받는 환난의 경한 것이 지극히 크고 영원한 영광의 중한 것을 우리에게 이루게 함이니"(고린도후서 4장 17절)라고 말씀하는 것입니다. 이처럼 우리 삶에 고난이 다가오는 이유는 그 고난이 새로운 발전의 동력이 되어 보다 나은 미래를 창조하기 때문입니다.

셋째, 고난은 우리의 자아를 깨뜨리고 인격을 다듬는 계기가 되기 때문입니다.

단단한 돌덩어리를 정으로 찍으면 파편이 튀고 먼지가 나면서 돌의 모서리들이 찍혀 나갑니다. 이러한 과정을 통해 평범한 돌덩어리가 아름다운 예술 작품으로 변모하는 것입니다. 우리도 고난을 통해 우리 안에 있는 불필요한 요소들이 찍혀 나가면, 당시에는 매우 고통스럽지만 결국 우리의 인격이 아름답게 다듬어져 예수 그리스도의 영광스러운 형상이 우리를 통해 나타나게 되는 것입니다.

포도주나 올리브유를 만드는 방법도 마찬가지입니다. 향기로운 포도주를 만들기 위해서는 먼저 포도

를 씻어서 큰 통에 넣은 후 발로 밟아야 합니다. 그래야 포도 알이 터지고 거기에서 단 즙이 나옵니다. 올리브유도 올리브 열매를 연자 맷돌로 갈든지 방망이로 찧어야 향기로운 올리브유가 됩니다.

우리 삶에 마치 발에 밟히고 방망이로 찧어지는 것 같은 고난이 다가올 때가 있습니다. 이러한 고난은 우리의 자아를 깨뜨리고 우리 자신을 돌아보아 회개하도록 하여 우리를 향기로운 인격의 소유자로 만들기 위함입니다.

테레사(Teresa) 수녀는 "고통은 성장의 법칙이요, 우리의 인격은 이 세계의 폭풍우와 긴장 속에서 만들어지는 것이다."라고 말했습니다. 성경 역시 다음과 같이 말씀합니다. "그러나 내가 가는 길을 그가 아시나니 그가 나를 단련하신 후에는 내가 순금 같이 되어 나오리라"(욥기 23장 10절). "고난당하기 전에는 내가 그릇 행하였더니 이제는 주의 말씀을 지키나이다"(시편 119편 67절). 그러므로 우리는 삶에 닥치는 고난을 우리 안의 불순물들을 제거하여 우리를 통해 예수 그리스도의 아름다운 형상과 향기가 나타나게 하는 제련의 기회로 삼아야 합니다.

넷째, 고난은 인간으로 하여금 초월자이신 하나님을 찾게 하기 때문입니다.

사람은 배부르고 평안할 때 하나님을 찾지 않습니다. 자신의 힘과 능력을 믿고 의지할 뿐 하나님의 도움을 구하지 않습니다. 그러나 자신의 힘이나 능력으로는 도무지 해결할 수 없는 고난을 당하게 되면 초월자이신 하나님을 찾게 됩니다.

장군으로 예편하고 모 항공 회사 부사장을 지낸 우리 교회의 한 장로님은 사랑하는 딸의 질병 때문에 하나님을 만나게 되었습니다. 예편을 하기 직전, 대학교 4학년에 재학 중이던 큰딸이 암 말기로 손을 쓸 수 없게 되자 장로님은 처음으로 교회를 찾아왔습니다. 그리고 자신의 능력을 믿고 전능하신 하나님을 우습게 여기며 교만했던 지난 일들을 회개했습니다. 딸은 1년 뒤 천국으로 갔지만, 하나님을 진정으로 만난 장로님은 딸의 장례식 조의금을 오히려 감사 헌금으로 드렸으며 지금까지 남은 가족들과 함께 신실하게 신앙생활을 하고 있습니다. 장로님은 지나간 삶을 돌아보며 "인생에서 가장 위대한 순간은 자신이 죄인인 것을 깨닫는 순간이다. 내게는 세 번의 기회가 있었다. 하지만 내가 승승장구할 때에는 깨닫지 못했다. 내가 낮아지고 깨어지고 나서야 하나님의 은혜를 알게 되었다. 그때가 가장 복된 순간이었다."라고 고백하였습니다.

서양 격언에도 "참호 속에는 무신론자가 없다."라는 말이 있습니다. 적군의 총탄이 빗발치는 전쟁터에서는 누구나 다 하나님을 찾듯이, 인생의 고난이 빗발칠 때에는 누구나 구원자 하나님을 찾게 되는 것입니다. 「천로역정」의 작가 존 번연(John Bunyan)은 "시험과 고난은 우리로 하여금 하나님을 찾게 한다."라고 말했습니다. 저명한 기독교 사상가인 C. S. 루이스(Clive Staples Lewis) 역시 "왜 고난이 있는가? 그것은 대부분의 사람들이 큰일을 당하기 전까지는 하나님의 음성에 대해 무관심하기 때문이다. 고난은 이러한 인생을 향하여 하나님의 뜻을 전달하는 확성기이다."라고 말했습니다. 그렇습니다. 고난은 우리 인간들에게 '나에게로 돌아오라!'고 부르시는 하나님의 확성기입니다. 그러므로 인생에 고난의 비바람이 칠 때 주저하지 말고 하나님을 찾아야 합니다. 하나님께서는 "환난 날에 나를 부르라 내가 너를 건지리니 네가 나를 영화롭게 하리로다"(시편 50편 15절)라고 약속해 주셨습니다. 하나님을 만나면 고난에서 건짐을 받을 뿐만 아니라 영원을 누리고 영원에 잇대어 사는 무한한 기쁨을 누리게 되는 것입니다.

사랑하는 여러분, 성경은 "눈물을 흘리며 씨를 뿌리는 자는 기쁨으로 거두리로다 울며 씨를 뿌리러 나가는 자는 반드시 기쁨으로 그 곡식 단을 가지고 돌아오리로다"(시편 126편 5-6절)라고 말씀합니다. 고난은 결코 낭만적인 것이 아닙니다. 너무도 몸서리쳐지고 괴로운 현실입

니다. 그러나 고난 중에도 눈물을 흘리며 씨를 뿌리는 자는 반드시 기쁨의 풍성한 곡식 단을 거두게 될 것입니다. 여름날의 뙤약볕과 비바람을 이겨 내고 풍성한 결실을 맺는 가을의 오곡백과처럼 여러분의 삶에 다가오는 모든 고난을 이겨 내어 인생의 가을날 기쁨의 풍성한 결실을 거두는 여러분이 되시기를 기원합니다.

A Springboard for Future

주 예수를 바라보자

"이러므로 우리에게 구름같이 둘러싼 허다한 증인들이 있으니 모든 무거운 것과 얽매이기 쉬운 죄를 벗어 버리고 인내로써 우리 앞에 당한 경주를 하며 믿음의 주요 또 온전하게 하시는 이인 예수를 바라보자 그는 그 앞에 있는 기쁨을 위하여 십자가를 참으사 부끄러움을 개의치 아니하시더니 하나님 보좌 우편에 앉으셨느니라"(히브리서 12장 1-2절)

알렉산더(Alexander) 대왕은 20세에 왕이 되어 페르시아, 이집트, 이란을 정복한 뒤 인도를 정복하러 갔으나, 열병과 장마로 바벨론으로 돌아와 아라비아 원정을 준비하던 중 33세에 갑자기 죽었습니다. 그는 죽기 직전 허무함을 절감하며 "내가 죽거든 내 손을 빈 손으로 관 밖에 내놓아 성을 돌면서 '인생은 공수래공수거'(空手來空手去)라고 외치라."는 말을 남겼습니다. 더 이상 정복할 땅이 없어 울었다는 천하의 알렉산더 대왕은 자신이 온 천하를 손에 쥔 것으로 생각했지만, 정작 그가 죽어 관 속에 들어갈 때는 인생의 공허함을 탄식할 수밖에 없었던 것입니다.

이 세상의 것은 영원히 가치 있는 것이 없습니다. 세월이 흘러가고 역사가 변천되고 나라가 바뀌면 영원할 것 같던 것도 빛을 잃고 안개같이 사라집니다.

그렇다면 우리가 이 세상에서 바라볼 영원한 것은 없을까요? 성경은 우리에게 믿음의 주요, 온전하게 하시는 예수님을 바라보라고 말씀합니다. 이 세상의 것을 바라보는 사람은 인생의 어느 시점에서 절망하게 되지만, 예수님을 바라보는 사람은 내일에 대한 찬란한 희망을 갖고 행복한 인생을 살게 됩니다.

첫째, 죄를 용서받기 때문입니다.

아담 이후로 인간은 하나님을 반역한 원죄를 짊어지고 거기에 자신이 지은 수많은 죄에 눌리며 삽니다. 죄를 씻고 싶어도 법 앞에 나가면 심판을 받게 되고, 윤리와 도덕적인 행위에 의지하면 자신의 행동이 넝마보다 더 더럽고 추한 것을 발견하게 될 뿐입니다. 인간은 그 어떠한 힘과 노력을 다한다 할지라도 자신의 죄를 씻을 수 없고 죄에서 해방될 수도 없습니다. 그러나 예수님을 바라보면 문제가 달라집니다. 성경은 예수님께서 죄를 용서하시고 새로운 인생을 살게 해 주신다는 것을 가르쳐 주고 있습니다.

　요한복음 8장을 보면 간음한 여자의 이야기가 기록되어 있습니다. 한 여자가 간음을 하다가 현장에서 율법주의자들에게 잡혀 예수님께 끌려왔습니다. 그런데 예수님 앞에 끌려왔다는 것이 그 여자에게는 일생일대의 행운이었습니다. 만일 모세의 율법으로 집행하는 제사장 앞에 끌려갔다면 여지없이 돌로 쳐 죽임을 당했을 것이고, 윤리와 도덕적인 인간 행위를 주장하는 도덕론자 앞에 끌려갔다면 중죄인이라는 낙인이 찍혔을 것입니다.

　율법주의자들은 손에 돌을 들고 그 여자를 둘러서서 예수님께 그 여자를 어떻게 하겠느냐고 물었습니다. 그 여자는 율법주의자들이 당장에라도 자신을 돌로 쳐서 죽일 것이라는 공포에 떨고 있었을 것입니다. 그런데 그때 예수님께서 어떻게 하셨습니까? 예수님은 아무 말씀도 하시지 않고 몸을 굽히고 손가락으로 땅에 무언가를 쓰셨습니다. 그러자 율법주의자들은

예수님께 계속 물으며 대답을 독촉했습니다. 이에 예수님께서는 일어나서 그들에게 "너희 중에 죄 없는 자가 먼저 돌로 치라!"고 말씀하시고 다시 몸을 굽혀 손가락으로 땅에 무언가를 쓰셨습니다. 예수님의 말씀을 들은 율법주의자들은 양심의 가책을 느껴 한 사람, 한 사람 도망쳤습니다. 모두 도망친 후에 예수님께서는 떨고 있는 여자에게 "여자여! 너를 정죄하는 자가 있느냐?"라고 물으셨습니다. 이에 그 여자가 주위를 둘러보고 "주여, 없나이다."라고 대답하자, 예수님께서는 "나도 너를 정죄하지 아니하노니 가서 다시는 죄를 범하지 말라."고 말씀하셨습니다. 예수님께서는 그 여자를 죄악의 사슬에서 풀어 주신 것입니다.

우리는 모두 죄짓고 불의하고 추악한 죄인입니다. 그러나 예수님께서는 오늘날도 그 앞에 나오는 사람들에게 죄를 사해 주시고 죄에서 해방시켜 주십니다. 우리가 죄지은 그대로 못난 그대로 빈손 든 그대로 예수님 앞에 나와서 예수님을 바라보면, 예수님께서 우리의 죄를 사하시고 마음과 양심의 눌림에서 해방시켜 하나님의 자녀가 되어 새로운 인생을 살게 해 주시는 것입니다.

둘째, 병을 치료받기 때문입니다.

아담 이후로 인간은 다 병들었습니다. 영이 병들고, 마음이 병들고, 몸이 병들었습니다. 가정이 병들고, 사회가 병들었습니다. 세계가 병들고, 역사가 병들었습니다. 만일 정치나 철학이나 과학이나 윤리나 도덕으로 병을 치료할 수 있다면, 오늘 세상이 이렇게 무섭게 병들었겠습니까? 그렇다면 인간이 병을 치료받을 곳이 어디 있습니까? 누가 인간의 병을 치료해 줄 수 있겠습니까?

예수님께서는 병든 것이 하나도 없으신 완전한 하나님이십니다. 예수님이 오시면 모든 병은 치료받게 됩니다. 성경은 "나는 너희를 치료하는 야훼"(출애굽기 15장 26절)라고 말씀합니다.

마태복음 8장 5절부터 13절을 보면, 한 백부장이 예수님께 나와서 중풍에 걸려 몹시 괴로워하는 자신의 하인을 고쳐 달라고 간구하는 이야기가 기록되어 있습니다. 그때 예수님께서 "내가 가서 고쳐 주리라."고 말씀하시자, 백부장은 "주여, 내 집에 들어오심을 나는 감당하지 못하겠사오니 다만 말씀으로만 하옵소서. 그러면 내 하인이 낫겠사옵나이다."라고 믿음의 고백을 했습니다. 백부장의 믿음에 감탄하신 예수님께서 "가라. 네 믿은 대로 될지어다."라고 말씀하시자, 그 즉시 하인이 나았습니다.

예수님만이 우리에게 영원한 치료를 주시는 치료의 원천이 되어 주십니다. 그러므로 우리가 예수님을 바라보고 기도할 때 예수님께로부터 치료의 강물이 흘러넘쳐 나오는 것입니다.

셋째, 환난에서 건짐을 받기 때문입니다.

마태복음 8장 23절부터 27절을 보면, 예수님과 제자들이 배를 타고 가다가 풍랑을 만난 사건이 기록되어 있습니다. 갈릴리 바다에 큰 놀이 일어나 바닷물이 배에 덮쳐서 배가 침몰할 위기에 처했을 때, 예수님은 주무시고 계셨습니다. 제자들은 인간의 수단과 방법으로 배를 바로잡아 보고 넘쳐 들어오는 물을 퍼내려고 죽을 애를 쓰고 힘을 썼습니다. 하지만 배는 금방이라도 물속으로 가라앉을 지경이었습니다. 절망에 처한 제자들이 예수님을 깨우며 "주여, 구원하소서. 우리가 죽겠나이다."라고 부르짖었습니다. 이에 예수님께서 일어나셔서 바람과 바다를 꾸짖으시자 순식간에 바람과 바다가 잔잔해졌습니다. 이것을 본 제자들은 "이 어찌 된 일인가? 어찌하여 바람과 바다조차 예수님의 명령에 순종하는가? 도대체 예수님은 누구인가?" 하고 감탄했습니다.

예수님은 말씀으로 우주와 만물을 지으신 창조주이시기 때문에 주께서 명령하시면 산천초목이 다 일어서는 것입니다. 지금도 예수님께서 천지와 만물을 다

스리고 계십니다. 이러므로 우리가 환난을 당했을 때 예수님을 바라보고 부르짖어 기도하여 예수님을 깨워 일으키면, 예수님께서 우리의 환경에 몰아치는 거센 환난의 바람을 잔잔하게 하여 환난에서 우리를 건져 주시는 것입니다.

넷째, 이 세상을 떠날 때 영원한 생명을 얻기 때문입니다.

하워드 휴즈(Howard Robard Hughes Jr.)는 많은 사업체를 소유한 대부호로서 미국 경제계의 실력자였으며, 숱한 헐리우드의 배우들과 염문을 뿌린 것으로 유명합니다. 그런 그가 죽기 십수 년 전부터 심한 결벽증을 앓게 되었습니다. 그로 인해 그는 무균 상태의 유리관을 만들어 놓고 외부와 차단된 생활을 하였습니다. 그러나 증세가 더욱 악화되어 세균 감염에 대한 병적인 공포로 음식도 거부한 채 굶다시피 하다가 나중에는 영양실조로 죽고 말았습니다. 그는 죽을 때에 "Nothing."(아무것도 아니야.)라는 말을 남기고 숨을 거두었습니다.

이와 같이 사람이 죽을 때 이 세상에서 바라볼 것은 하나도 없습니다. 권세와 명예와 지위와 재력과 부귀영화를 다 쥐고 있어도 그 어느 것도 죽음에서 건져줄 수 없으며, 그 누구도 죽어 가는 사람을 살아나게 할 수 없습니다.

그런데 우리가 세상을 떠날 때 반드시 바라보아야 할 분이 있습니다. 그분은 바로 예수님이십니다. 예수님은 우리를 위해서 십자가에서 죽으셨고 음부에 내려가서 사망과 음부를 다 철폐하시고 부활하여 생명의 첫 열매가 되셨습니다. 예수님께서는 이와 같이 말씀하셨습니다. "나는 부활이요 생명이니 나를 믿는 자는 죽어도 살겠고 무릇 살아서 나를 믿는 자는 영원히 죽지 아니하리니"(요한복음 11장 25절). "너희는 마음에 근심하지 말라 하나님을 믿으니 또 나를 믿으라 내 아버지 집에 거할 곳이 많도다"(요한복음 14장 1-2절). 그러므로 우리는 예수

님을 바라보며 사도 바울처럼 담대하게 말할 수 있습니다. "사망아 너의 승리가 어디 있느냐 사망아 네가 쏘는 것이 어디 있느냐"(고린도전서 15장 55절).

19세기에 미국과 영국을 뒤흔든 세계적인 부흥사 무디(Dwight Lyman Moody)는 죽음이 임박했을 때 놀라운 경험을 했습니다. 그는 아들 윌에게 "대지가 물러간다. 내 눈앞에 하늘이 열려 있다. 이것은 꿈이 아니다. 윌, 정말 아름답다. 정말 황홀하구나! 만일 이것이 죽음이라면 무엇이 두려울 것이 있겠느냐! 하나님이 나를 부르고 계신다. 나는 가야 한다."라는 말을 남기고 의식을 잃었습니다. 그 후 잠시 의식을 되찾은 그는 "내가 천국 문 앞에 갔는데 그곳은 말할 수 없이 멋지고 아름다운 곳이다."라고 말한 후, "무엇으로도 나를 더 이상 잡아 둘 수 없다. 마차가 방 안에 와 있다."라고 말하며 행복한 모습으로 숨을 거두었습니다.

우리가 예수님을 바라보며 인생길을 다 달리고 이 세상을 떠날 때, 예수님께서 우리를 반갑게 맞아 주실 것입니다. 그때 우리는 일생을 살면서 겪었던 수많은 슬픔과 고통과 좌절감을 꿈에 본 듯 잊어버리고 예수님과 함께 영원히 살게 될 것입니다.

이 세상의 부귀영화, 공명은 잠시 있다 사라지고 영원하지 못합니다. 우리를 사랑하시고 우리를 위해서 십자가에 달려 죽으시고 부활하신 예수님을 바라보고 예수님으로부터 오는 믿음을 받아들인 사람만이 죄 용서와 치료를 받고 환난에서 건짐을 받을 뿐 아니라 영원한 부활을 얻고 후회할 것이 없는 영원한 삶을 얻습니다. 그러므로 여러분 모두 믿음의 주요, 온전하게 하시는 예수님을 바라보며 사시기를 주님의 이름으로 축원합니다.

십자가에서 회복되는 가정

"아내들이여 자기 남편에게 복종하기를 주께 하듯 하라 이는 남편이 아내의 머리됨이 그리스도께서 교회의 머리 됨과 같음이니 그가 바로 몸의 구주시니라 그러므로 교회가 그리스도에게 하듯 아내들도 범사에 자기 남편에게 복종할지니라 남편들아 아내 사랑하기를 그리스도께서 교회를 사랑하시고 그 교회를 위하여 자신을 주심같이 하라 이는 곧 물로 씻어 말씀으로 깨끗하게 하사 거룩하게 하시고 자기 앞에 영광스러운 교회로 세우사 티나 주름 잡힌 것이나 이런 것들이 없이 거룩하고 흠이 없게 하려 하심이라 이와 같이 남편들도 자기 아내 사랑하기를 자기 자신과 같이 할지니 자기 아내를 사랑하는 자는 자기를 사랑하는 것이라"(에베소서 5장 22-28절)

미국 뉴욕 항(港)에서 대통령과 국무위원을 포함한 수많은 사람이 도열하여 누군가를 기다리고 있었습니다. 드디어 근사한 군함 한 대가 도착했고 군악대의 연주와 예포가 울려 퍼지는 가운데 한 구의 유해가 내려졌습니다. 그 유해는 위대한 정치가도, 전쟁에서 혁혁한 공을 세운 장군의 것도 아니었습니다. 바로 '즐거운 곳에서는 날 오라 하여도 내 쉴 곳은 작은 집, 내 집 뿐이리.'라는 가사로 우리에게 잘 알려진 '즐거운 나의 집'(Home, Sweet Home)이라는 노래의 작사자 존 하워드 패인(John Howard Payne)의 유해였습니다. 그는 자신이 작사한 한 곡의 노래 때문에 이처럼 엄청난 예우를 받은 것입니다. 그의 유해 앞에서 미국 대통령은 이렇게 말했습니다. "그는 이 땅에서 무엇이 가장 소중한 것인지, 이 땅에서 지내는 일들 가운데 무엇이 가

장 가치 있는 일인지를 우리에게 가르쳐 주었다."

사회 비평가 존 러스킨(John Ruskin)은 "인류 역사는 세계의 역사가 아니라 가정의 역사이다. 한 나라의 수준은 그 나라의 가정 수준 이상으로 올라갈 수 없고, 한 나라의 생존은 가정의 생존 여부에 달려 있다."라고 말했습니다. 이와 같이 가정이란 그 어떤 단체보다 친밀하고 따뜻한 사랑의 혈연 공동체이자, 한 민족의 역사, 한 나라의 역사, 나아가 인류의 역사의 근간을 이루는 인류 생존의 마지막 보루입니다.

그런데 이렇게 중요한 가정이 오늘날 너무나 쉽게 무너지고 해체되고 있습니다. 통계청의 발표에 따르면 2006년도 한 해 동안 우리나라에서 33만 2천8백 쌍이 결혼을 했고 12만 5천 쌍이 이혼을 했다고 합니다. 통계로 본다면 한 해에 3쌍 중 1쌍 이상이 이혼을 한다는 것입니다. 이것이 오늘날의 가정이 처한 현실이요, 비극인 것입니다. 그렇다면 이러한 가정의 위기에 대해 성경은 무엇이라고 말씀하고 있으며 어떠한 해답을 제시하고 있을까요?

첫째, 성경은 가정의 근원이 하나님께 있다고 말씀합니다.

성경은 인간은 원래 함께 살도록 지음 받은 존재라고 말씀합니다. 기독교가 믿는 하나님은 영원무궁한 역사 속에서 홀로 고독하게 존재하는 신이 아닙니다. 혼자 사는 신이라면 사랑을 줄 줄도 모르고 사랑을 받을 줄도 모르는, 그야말로 무섭고 고집스러운 신일 것입니다. 그러나 우리 하나님은 삼위일체 하나님입니다. 한 분 하나님이시지만 그 안에 성부, 성자, 성령의 삼위(三位)가 계셔서 서로 사랑으로 교통하며 교제하고 계십니다. 그러므로 이러한 하나님의 형상을 따라 지음 받은 우리 인간 역시 고독하게 혼자 사는 것이 아니라 '가정'이라는 울타리 안에서 서로 사랑하고 교제하며 함께 살도록 지음 받은 존재입니다. 그렇기 때문에 성경은 "야훼 하나님이 이르시되 사람이 혼자 사는 것이 좋지 아니하니 내가 그를 위하여 돕는 배필을 지으리라

하시니라"(창세기 2장 18절)고 말씀하고 있습니다.

　하나님은 엿새 동안에 천지와 만물을 창조하신 다음 하나님의 형상과 모양대로 사람을 짓되 남자와 여자를 지으셔서 부부로 만들어 에덴동산에서 살게 하셨습니다. 그리고 하나님은 매일같이 아담과 하와 부부를 방문하시면서 아버지와 자녀로서의 아름다운 사랑의 교제를 가지셨습니다. 하나님의 계획은 아담과 하와 부부를 통하여 수많은 자녀를 얻어 참으로 아름답고 영광스러운 우주적인 대가족을 이루시는 것이었습니다. 삼위 하나님의 그 아름다운 사랑의 교제처럼 인간도 사랑의 공동체를 이루고 또한 하나님과 인간 사이에 이러한 우주적인 사랑의 대공동체를 이루는 것을 꿈꾸셨던 것입니다. 이것이 성경이 말씀하는 최초의 가정의 모습입니다.

　둘째, 그렇다면 이 아름다운 가정이 오늘날과 같이 파괴되고 해체되게 된 이유는 무엇일까요?

성경은 가정 파괴의 원인을 인간의 죄에서 찾습니다. 인간에게 죄가 들어오면서 하나님과 인간 사이의 신뢰는 파괴되었습니다. 그뿐만 아니라 인간과 인간, 즉 최초의 부부인 아담과 하와의 신뢰 역시 파괴되고 말았습니다. "내 뼈 중의 뼈요 살 중의 살이라"(창세기 2장 23절)고 말하며 아내에 대한 극진한 사랑을 고백했던 아담은, 죄가 들어오자 "하나님이 주셔서 나와 함께 있게 하신 여자 그가 그 나무 열매를 내게 주므로 내가 먹었나이다"(창세기 3장 12절)라며 금단의 열매를 먹은 것에 대한 책임을 아내와 하나님에게 돌렸습니다. 이처럼 죄는 하나님과 인간 사이, 남편과 아내 사이를 갈라놓고 말았습니다. 이렇게 시작된 죄악은 형제 사이도 갈라놓았습니다. 인류 최초의 살인 사건인 가인이 동생 아벨을 죽인 끔찍한 사건이 일어난 것입니다. 결국 성경은 아름다운 가정 파괴의 원인이 인간의 죄악 때문이라고 말씀하고 있습니다.

셋째, 그렇다면 이 파괴된 가정의 비극을 어떻게 극복할 수 있을까요?

하나님과 인간, 온 우주의 평화와 행복을 위해 지음 받은 가정 공동체의 비극이 인간의 죄로 말미암은 것이라면, 이러한 가정의 회복 역시 인간의 죄 문제를 청산해야 근본적으로 해결될 것입니다. 그렇기 때문에 하나님께서는 한 짐승을 잡아 그 가죽을 벗겨 이들 부부에게 옷을 입히셨습니다(창세기 3장 21절). 이는 장차 인류의 죄를 대속하기 위해 피를 흘리실 어린양 예수 그리스도를 상징합니다. 아담 부부는 죄를 지은 후 그 책임을 타인에게 전가시켰지만, 하나님의 아들이신 예수 그리스도는 우리 인간의 죄를 자신에게 돌리고 그 죗값을 치루기 위해 몸소 피를 흘리고 십자가를 지셨습니다. *"사랑은 허다한 죄를 덮느니라"*(베드로전서 4장 8절)는 성경 말씀처럼, 예수 그리스도는 십자가의 희생적 사랑으로 죄를 덮음으로 하나님과 인간, 인간과 인간 간의 우주적 공동체를 회복시키신 것입니다.

가정 공동체의 근원이 야훼 하나님에게 있듯이, 붕괴된 가정 공동체의 해결책 역시 하나님의 아들이신 예수 그리스도의 십자가에서 찾을 수 있습니다. 따라서 결국 가정 붕괴의 근원적인 문제를 해결하기 위해서는 우리 가정이 '십자가에서 피 흘리신 예수 그리스도'라는 '옷'을 입어야 하는 것입니다. 예수 그리스도의 십자가의 희생적 사랑이 우주적 가정을 회복시킨 것처럼, 우리는 예수 그리스도를 옷 입고 예수 그리스도의 십자가의 희생적 사랑으로 우리 가정 공동체의 모든 허물을 덮어야 합니다.

저희 부부는 결혼한 후 10년 동안 옳고 공정한 것을 지향한다는 미명하에 서로 잘잘못을 분별하고 판단하는 율법적인 태도를 갖고 있었습니다. 그렇기 때문에 그 10년 동안 저희 부부의 관계는 메마른 사막과 같았고 내면의 갈등은 깊어만 갔습니다. 그러던 중 어느 날 깊은 기도 가운데 하나님께서 저에게 이렇게 말씀하셨습니다. "너는 잘한 사람과 잘못한 사람을 판단하고 심판하기 위해 존재하는 것이 아니다. 나와 같이 다른 이들의 십자가를 대신 짊어지고 기도해 주기 위해 존재하는 것이다." 이 말씀은 저에게 큰 깨달음으로 다가왔습니다. 그 뒤로 저는 제 가정 안에서 발생하는 잘못은 제가 짊어져야 할 십자가로, 제가 속한 공동체에서 발생한 잘못 역시 제가 짊어져야 할 십자가로 여기게 되었습니다. 그러자 삭막한 광야와 같은 저희 가정은 젖과 꿀이 넘치는 축복의 땅으로 바뀌었고 제 마음에는 참평안이 찾아오게 되었습니다.

그렇습니다. 오늘날 깨어진 가정을 회복할 길은 십자가밖에 없습니다. 이해의 십자가, 긍휼의 십자가, 용납의 십자가, 용서의 십자가만이 우리의 가정을 파탄에서 건질 수 있는 것입니다. 예수님께서는 "누구든지 나를 따라오려거든 자기를 부인하고 자기 십자가를 지고 나를 따를 것이니라 누구든지 제 목숨을 구원하고자 하면 잃을 것이요 누구든지 나를 위하여 제 목숨을 잃으면 찾으리라"(마태복음 16장 24-25절)고 말씀하셨습니다. 결국 자기희생의 십자가만이 우리 개인의 구원뿐만 아니라 우리의 가정을 비롯한 모든 공동체에게 회복과 생명, 화해와 평안을 가져다주는 것입니다. 프랑스 철학자 H. A. 텐(Hippolyte-Adolphe Taine)은 "결혼이란 첫 3주일 동안은 서로 관찰하고, 그다음 3개월은 사랑한다. 그다음 3년은 싸우고, 그 뒤 30년은 용서하면서 사는 것이다."라고 말했습니다. 이처럼 부부 간에는 서로를 향한 이해와 긍휼과 용납과 용서가 필요합니다. 왜냐하면 이 세상에는 결코 완전한 남편도, 완전한 아내도 없기 때문입니다.

생존 경쟁에서 패배한 자를 사정없이 밀어내는 매정한 세상에서 사람들은 언제든지 용납해 주고 위로해 주고 사랑해 주는 가정을 꿈꿉니다. 그러나 누군가 먼저 용납하고 먼저 위로하고 먼저 사랑하지 않는다면, 배고픈 이리 두 마리가 서로 마주 보며 으르렁거리는 것과 같은 악순환의 연속입니다. 성경은 "한 알의 밀이 땅에 떨어져 죽지 아니하면 한 알 그대로 있고 죽으면 많은 열매를 맺느니라"(요한복음 12장 24절)고 말씀합니다.

그러므로 그리스도의 십자가를 지고 먼저 사랑하는 여러분이 되시기를 바랍니다. 그리하여 하나님이 애초에 꿈꾸셨던 아름다운 에덴동산의 가정을 이룰 뿐만 아니라 온 세상이 맑고 밝고 환한 사랑의 우주 공동체로 피어나기를 간절히 축원합니다.

더 높이 비상하라

A Springboard for Future

목자 되신 하나님
복 있는 사람
새로운 삶
응답 받는 기도
가족 사랑, 가정 행복
감사의 능력

A Springboard for Future

목자 되신 하나님

"내가 사망의 음침한 골짜기로 다닐지라도 해를 두려워하지 않을 것은 주께서 나와 함께하심이라 주의 지팡이와 막대기가 나를 안위하시나이다 주께서 내 원수의 목전에서 내게 상을 차려 주시고 기름을 내 머리에 부으셨으니 내 잔이 넘치나이다 내 평생에 선하심과 인자하심이 반드시 나를 따르리니 내가 야훼의 집에 영원히 살리로다"(시편 23편 4-6절)

이스라엘의 광야에는 양들이 서식하는데 그 양들에게는 반드시 목자가 있어야 합니다. 목자가 양을 푸른 초장이나 쉴 만한 시냇가로 인도하지 않으면 양들은 필경 굶거나 목말라 죽게 됩니다. 그리고 목자가 양들을 사나운 짐승들로부터 지켜 주지 않으면 양들은 바로 맹수들의 밥이 되고 맙니다.

시대와 환경은 다르지만 현대를 살아가는 우리도 때로는 삶의 문제나 인간관계에서 오는 여러 문제들을 통해 고통과 절망에 찬 광야와 같은 삶을 경험하게 됩니다. 하지만 하나님은 절망과 고통 가운데 살아가고 있는 양과 같은 우리에게 목자가 되어 우리를 지켜 주시고 보호해 주시고 인도해 주십니다.

그렇다면 목자가 되신 하나님께서는 우리 삶에 어떤 모습으로 다가오시는지 다윗이 노래한 '시편 23

편'을 중심으로 살펴보고자 합니다.

첫째, 사망의 음침한 골짜기를 동행하시는 목자

하나님은 우리가 사망의 음침한 골짜기를 지날 때 동행하시는 좋으신 하나님이십니다.

'사망의 음침한 골짜기'는 우리가 겪고 있는 절망의 상황을 말합니다. 우리는 가끔 영적으로 사망의 음침한 골짜기를 지날 때가 있습니다. 영혼이 답답하고 캄캄하여서 주님이 구만리장천(九萬里長天)에 계시는 것 같고 주님께 버림받은 것 같은 느낌을 받을 때가 있습니다. 또한 우리는 정신적으로 사망의 골짜기를 지날 때가 있습니다. 인간은 혈연과 지연, 학연과 같은 각종 공동체에 속해서 살아가는 사회적 존재이기 때문에 가정과 사회에서 다양한 문제를 직면하며 살아갑니다. 이러한 상황에서 염려, 근심, 불안, 초조, 절망은 무시로 우리에게 다가와서 정신적으로 힘든 국면으로 치닫게 합니다. 그뿐 아니라 육체적으로 건강을 잃어 탄식과 절망으로 사망의 음침한 골짜기를 통과할 때가 있습니다. 우리는 이처럼 인생행로에서 영적, 정신적, 육체적으로 많은 사망의 음침한 골짜기를 경험하게 되고 절망과 두려움에 싸여 살아가게 됩니다.

인간은 태어날 때 세 가지 두려움을 가지고 태어난다고 합니다. 그것은 높은 데서 떨어지는 두려움, 큰 소리가 날 때 느끼는 두려움, 어머니 품에서 떨어져 나가는 두려움이며, 이 두려움들은 인간과 평생 같이하면서 많은 영향력을 주게 됩니다.

높은 데서 떨어지는 두려움은 실직이나 명예의 실추 등으로 인해 사회적인 지위를 상실하는 두려움으로 이어집니다. 큰 소리에 대한 두려움은 비난과 공격과 멸시당하는 두려움으로 연결되고, 어머니에게서 떨어지는 두려움은 세상에서 버림받고 소외되는 두려움으로 계속되는 것입니다.

미국에서 한 남자가 직장에 출근해 보니 책상 위에 해고 통지서가 놓여 있었습니다. 나이 마흔에 회사에

서 쫓겨난 것입니다. 그는 충격과 함께 직장 상사에 대한 원한과 불평이 가득 찬 상태로 종일토록 여기저기 직장을 구하러 다녔으나 소득 없이 집으로 돌아올 수밖에 없었습니다. 그는 자포자기하여 아내에게 "여보, 나는 죽고 싶소. 나는 모든 노력을 다 해 봤지만 아무것도 되는 일이 없소."라고 탄식하였습니다. 그러자 아내는 다정스럽게 "당신이 시도하지 않은 것이 하나 있어요. 그것은 바로 기도예요. 주님이 계신데 왜 낙심하세요."라고 격려하였습니다. 그는 아내의 말에 감동을 받아 아내와 함께 기도하기 시작했습니다.

며칠이 지나자 마음속에 자신을 해고한 직장 상사를 향한 복수심이 사라지고 마음이 평안해졌습니다. 그 후 그는 기도하는 가운데 용기를 얻어 건축업을 시작하게 되었고, 열심히 일한 결과 그의 회사는 5년 후 중견 건설업체로 자리 잡았습니다. 그런데 그가 사업차 여행을 하면서 늘 안타까웠던 것이 숙소 문제였습니다. 좋은 호텔은 너무 비싸고, 싼 곳은 시설이 엉망이었습니다. 그래서 저렴하면서도 깨끗한 호텔을 만들어 보자는 생각이 들었습니다. 그는 하나님께 기도하면서 호텔을 짓기 시작했습니다. 이 호텔은 사람들에게 큰 호응을 얻게 되었고 세계적인 체인망을 형성하게 되었습니다. 그가 바로 '홀리데이 인 호텔'을 설립한 케몬스 윌슨(Kemmons Wilson)입니다.

절망으로 가득한 사망의 음침한 골짜기에 처했을지라도 하나님을 의지하고 기도하면 하나님께서 길을 열어 주시고 오히려 전화위복의 인생을 만들어 주십니다. 목자 되신 하나님을 바라보고 의지할 때, 우리는 모든 두려움을 이기고 마음속에 평안을 가지고 살아갈 수 있으며, 창조적이며 생산적으로 세상을 살아갈 수 있게 되는 것입니다.

둘째, 원수 앞에서 상을 베푸시는 목자

하나님은 우리가 원수를 만났을 때 우리를 위해 싸우시고 원수 앞에서 우리에게 상을 차려 주시는 좋으신 하나님이십니다.

유다 왕 여호사밧은 모압, 암몬, 마온 연합군의 침략을 받아 수도 예루살렘이 함락되려는 일촉즉발의 위기에 처했을 때 두려움에 싸여 모든 문무백관을 거느리고 백성과 함께 성전에 나아가 하나님께 부르짖었습니다. 그러자 그들의 기도에 하나님은 다음과 같이 응답하셨습니다.

"너희는 이 큰 무리로 말미암아 두려워하거나 놀라지 말라 이 전쟁은 너희에게 속한 것이 아니요 하나님께 속한 것이니라……유다와 예루살렘아 너희는 두려워하지 말며 놀라지 말고 내일 그들을 맞서 나가라 야훼가 너희와 함께 하리라"(역대하 20장 15-17절).

우리의 인생에서 두려움은 대부분 사람들과의 상호 관계에 의해서 발생합니다. 더군다나 이유도 없이 사람에게서 지탄을 받고 공격을 당하는 상황에 처하게 되면 커다란 두려움과 절망이 엄습합니다. 하지만 우리 하나님께서는 두려움과 절망의 상황에 처한 우리를 구원해 주십니다. 그리고 원수 된 사람들 앞에서 진수성찬을 베풀어 주시며 우리를 위로해 주십니다. 결국 하나님은 여호사밧의 기도를 응답하셔서 유다 백성에게 큰 승리를 안겨 주시고 수많은 전리품을 얻게 하시며 원수들이 보는 앞에서 큰 잔칫상을 베풀어 주셨습니다.

지금 여러분은 무엇 때문에 고통을 받습니까? 여러분의 고통은 가족이나 직장 상사 또는 직장 동료가 줄 수도 있고, 돈이 줄 수도 있고, 스트레스를 주는 각종 문제가 줄 수도 있습니다. 그러나 주님은 우리가 인생에서 겪어야 하는 수많은 원수 된 관계를 친히 해결해 주기를 원하십니다. 우리가 주님을 믿고 의지할 때 우리의 삶에는 놀라운 일들이 나타나게 됩니다. 우리가 모든 것을 포기하고 싶을 정도로 절망적인 상황에 처해 있을지라도 상황과 환경을 두려워하지 않고 담대히 하나님을 신뢰하고 의지하면, 하나님은 반드시 우리를 도우시고 어떠한 문제도 능히 헤쳐 나갈 수 있는 힘과 지혜를 주시는 것입니다.

셋째, 선하시고 인자하신 목자

하나님은 선하시고 사랑이 많으신 좋으신 하나님이십니다.

국가의 법은 사회의 질서를 수호하며 국민의 안위를 책임지는 안전장치로써 중요한 역할을 합니다. 그러므로 법은 모든 사람에게 공정하게 적용되어야 하며, 국민은 법을 준행해야 하는 의무가 있습니다. 하지만 "예외 없는 원칙은 없다."(There is no rule without exception.)라는 말처럼 준엄한 법에도 예외가 있습니다. 다시 말하면, 시대 상황이나 인간의 정서에 따라 법 집행에 융통성이 부여되어야 한다는 것입니다. 이것을 '법의 자비'라고 합니다.

성경에서도 유사한 면을 찾아볼 수 있습니다. 사람들이 마땅히 지켜야 하는 율법의 잣대로 사람의 행위를 평가하면 한 사람도 예외 없이 죄와 허물이 드러나게 됩니다. 율법은 죄와 허물을 찾아 드러내는 것이 목적이기 때문입니다. 그러나 사랑과 긍휼의 마음으로 사람을 보면 비록 율법으로 드러난 죄와 흠이 있더라도 그것을 덮을 수 있게 됩니다. 그리고 그러한 사랑과 긍휼은 사람을 변화시키는 놀라운 힘이 있습니다.

미국의 제16대 대통령 에이브러햄 링컨(Abraham Lincoln)은 주변에 친구들이 많았지만 정적(政敵)들 또한 많았습니다. 그를 집요하게 괴롭히던 정적 중에 에드윈 스탠톤(Edwin Stanton)이라는 사람이 있었습니다. 그는 신문 기사를 통해 링컨을 '교활한 광대'라고 욕하고 공식 연설 석상에서 링컨을 '원조 고릴라'라고 모욕하였습니다. 그럼에도 불구하고 링컨은 스탠톤에게 어떠한 정치적 공격도 가하지 않았습니다. 시간이 흘러 내각의 각료들을 임명할 때, 놀랍게도 링컨은 스탠톤을 국방장관으로 임명하였습니다. "각하, 그런 몰지각한 사람을 어찌 국방장관에 임명하셨습니까?"라고 흥분하여 묻는 사람들에게 링컨은 "그 자리는 스탠톤이 적임자입니다."라고 조용히 대답만 할 뿐이었습니다. 링컨의 선하고 자비로운 처사에 감동을 받은 스탠톤은 훗날 링컨의 무덤 앞에서 이렇게 고백했습니다. "여기 가장 위대한 지도자가 누워 있노라."

사랑으로 행하는 관용과 자비는 이처럼 사람의 마음을 변화시키는 놀라운 힘이 있습니다. 하나님은 선하고 인자하신 모습으로 우리에게 다가오셔서 그 크나큰 사랑으로 부족하고 연약한 우리를 위로하시고 힘을 주셔서 우리로 하여금 새로운 삶을 살아가게 하십니다.

여러분, 삶은 고난의 연속입니다. 황무지와 같이 험한 이 세상에서 우리가 의지할 대상은 오직 한 분 목자 되신 하나님이십니다. 목자 되신 하나님은 우리가 죽음의 골짜기를 지나갈 때 우리를 인도해 주시며, 우리가 원수를 만났을 때 원수를 물리치시고 원수 앞에서 진수성찬을 베풀어 주십니다. 뿐만 아니라 하나님은 선함과 인자함으로 우리를 도와주시며 우리로 하여금 이 세상을 이기고 살아갈 힘과 소망을 주십니다. 여러분 모두 목자 되신 하나님의 인도하심을 받아 영혼이 잘됨같이 범사가 잘되고 강건하며 생명을 얻되 풍성히 얻는 은총을 받게 되시기를 간절히 기원합니다.

복 있는 사람

"복 있는 사람은 악인들의 꾀를 따르지 아니하며 죄인들의 길에 서지 아니하며 오만한 자들의 자리에 앉지 아니하고 오직 야훼의 율법을 즐거워하여 그의 율법을 주야로 묵상하는도다 그는 시냇가에 심은 나무가 철을 따라 열매를 맺으며 그 잎사귀가 마르지 아니함 같으니 그가 하는 모든 일이 다 형통하리로다 악인들은 그렇지 아니함이여 오직 바람에 나는 겨와 같도다 그러므로 악인들은 심판을 견디지 못하며 죄인들이 의인들의 모임에 들지 못하리로다 무릇 의인들의 길은 야훼께서 인정하시나 악인들의 길은 망하리로다"(시편 1편 1-6절)

사람들은 누구나 복을 동경합니다. 그러나 복은 환경이 만들어 내는 것이 아니라 사람이 만들어 냅니다. 우리는 성경에 기록된 이스라엘 역사를 볼 때 복 있는 사람에게 복이 따른다는 사실을 알 수 있습니다.

하나님의 선민 이스라엘 백성들이 하나님께 복 받은 민족이 되었을 때는 가나안 땅을 젖과 꿀이 흐르는 복지로 만들었습니다. 그러나 이스라엘 백성들이 하나님을 배반하고 우상을 숭배함으로 저주받은 민족이 되었을 때는 가나안 복지를 황무지로 만들어 버리고 말았던 것입니다.

그럼 우리가 하나님께 복을 받는 사람이 되려면 어떻게 해야 할까요?

첫째, 복 있는 사람이 삼가야 할 일

복 있는 사람은 먼저 악인들의 꾀를 따르지 않아야 합니다(시편 1편 1절). 악인이란 하나님을 부인하고 이기주의적인 탐욕에 사로잡혀 이웃을 괴롭히고 멸망시키는 일을 하는 사람을 말합니다. 과거 인류의 역사 속에는 이러한 악인들이 많이 있었습니다. 제2차 세계대전 당시 독일의 히틀러(Adolf Hitler)는 자신의 이기적인 탐욕을 위해 유대인 600만 명을 학살했습니다. 또 냉전 시대의 스탈린(Joseph Stalin)과 모택동은 공산주의 사상과 이념을 위해 엄청난 숫자의 자국민들을 죽였습니다. 그리고 일본 제국주의도 아시아를 석권하려는 탐욕을 채우기 위해 한국과 만주와 동남아를 침략해 수많은 사람들을 무자비하게 짓밟고 죽였습니다.

일본이 만주사변을 일으켜 중국을 공략하던 당시 세계 역사학자 회의가 열렸습니다. 그때 영국의 역사학자 토인비(Arnold Joseph Toynbee) 박사와 일본의 역사학자가 함께 식사를 하며 대화를 나누게 되었습니다. 토인비 박사가 일본의 역사학자에게 "일본이 대동아 전쟁을 일으킴으로 어떤 이익이 있습니까?"라고 질문을 하자, 일본의 역사학자는 "대동아 전쟁을 통해 아시아 사람들이 더 잘살게 될 것입니다."라고 대답했습니다. 그러자 토인비 박사는 그 사람을 뚫어지게 바라보면서 "일본이 일으킨 침략 전쟁은 일본 패망의 씨앗을 심은 것입니다. 결국 일본은 그 열매로 패망할 것입니다."라고 말했습니다. 그 후 토인비 박사의 말과 같이 일본 제국주의는 곧 망하고 말았습니다.

오늘날도 악인들이 자신의 이기적인 탐욕을 채우려고 불량 식품을 제조하거나 인신매매, 밀수, 마약 거래, 살인, 테러, 전쟁 등을 서슴지 않고 행하는 일이 얼마나 많은지 모릅니다. 성경은 "부하려 하는 자들은 시험과 올무와 여러 가지 어리석고 해로운 욕심에 떨어지나니 곧 사람으로 파멸과 멸망에 빠지게 하는 것이라"(디모데전서 6장 9절)고 말씀합니다.

악인의 수단과 방법은 아무 효과가 없는 것입니다.

성경은 겨와 같은 악인들의 꾀를 따라 살면 겨가 바람이 불면 일시에 날아가 버리듯이 하나님의 심판을 받고 일시에 망하게 될 것을 경고합니다(시편 1편 4-6절). 이러므로 복 있는 사람이 되려면 악인의 꾀를 버리고 하나님께 돌아와야 하는 것입니다.

또한 복 있는 사람은 죄인들의 길에 서지 않아야 합니다(시편 1편 1절). 죄란 하나님의 법에서 빗나간 행위를 말합니다. 죄인은 화살이 과녁을 맞히지 못하고 빗나가듯이 하나님의 법을 어기고 '빗나가는 삶'을 사는 사람입니다.

하나님의 법은 '하나님 앞에 다른 신을 두지 말라. 금이나 은이나 돌로 만든 우상에게 절하지 말고, 탐심을 품음으로 우상을 숭배하지 말라. 하나님의 이름을 망령되이 부르지 말라. 안식일을 거룩하게 지키라. 네 부모를 공경하라. 살인하지 말라. 간음하지 말라. 도둑질하지 말라. 네 이웃을 해하려고 거짓 증거하지 말라. 네 이웃의 것을 탐내지 말라.'는 것입니다.

하나님의 법은 생명의 길입니다. 이 하나님의 법에

서 빗나간 죄인들은 육신의 행동과 양심의 갈등 속에서 괴로워합니다. 죄인들은 의인들의 모임에 들지 못하고(시편 1편 5절), 죄의 삯인 사망에 처하게 됩니다(로마서 6장 23절). 그러므로 하나님은 우리가 죄를 회개하기를 원하시는 것입니다.

유명한 전도자 빌리 선데이(Billy Sunday)는 열네 살 때부터 학교 급사로 일을 했습니다. 그런데 하루는 그가 월급으로 받은 25달러짜리 수표를 은행에서 지폐로 환전할 때 은행 직원이 실수로 40달러를 주었습니다. 그때 그는 모른 체하고 40달러를 받았습니다. 그러나 그는 더 받은 15달러로 인해 양심의 가책이 되어 친구에게 말하고 말았습니다. 그러자 친구는 "야! 너 복 받았다. 그 돈으로 극장 구경이나 가라."고 말하는 것이었습니다. 그는 그 말에 용기를 얻어서 그 돈으로 양복 한 벌을 사 입었습니다. 그런데 이 일은 그가 살아가는 동안 계속해서 양심의 가책이 되었습니다.

그 후에 예수님을 믿게 된 그는 기도하려고 할 때마다 '도둑놈아! 15달러 내놓아라.' 하는 양심의 소리 때문에 몹시 괴로워하다가 결국 은행 직원에게 회개하는 편지를 쓰고 15달러를 갚았습니다. 그러고 난 다음에야 그에게 하나님의 은혜가 임했고, 그는 위대한 전도자가 되었던 것입니다.

우리가 우리의 죄를 회개할 때 하나님의 용서와 사랑을 받을 수 있습니다(요한일서 1장 9절). 이러므로 복 있는 사람이 되려면 예수님의 보혈을 의지하여 회개하고 하나님의 법을 지켜야 합니다.

다음으로 복 있는 사람은 오만한 자들의 자리에 앉지 않아야 합니다(시편 1편 1절). 오만한 사람은 자기도취에 빠져 자기를 과대평가하는 사람이요, 자기 분수를 넘어 생각하고 행동하는 사람입니다. 오늘날 지위나 재물이나 지식을 좀 얻었다고 오만한 자리에 앉은 사람들이 얼마나 많은지 모릅니다. 성경은 인생들을 향해 "모든 육체는 풀과 같고 그 모든 영광은 풀의 꽃과 같으니 풀은 마르고 꽃은 떨어지되"(베드로전서 1장 24절)라고 말씀하며, 또 "너는 내일 일을 자랑하지 말라 하루 동안에 무슨 일이 일어날는지 네가 알 수 없음이니라"(잠언 27장 1

절)고 말씀합니다.

이솝 우화 중에 '토끼와 거북이' 이야기는 오만한 자의 모습을 잘 말해 주고 있습니다. 토끼는 자기의 빠른 걸음을 믿고 오만에 빠져 깊이 잠들고 말았습니다. 그 사이 거북이가 토끼를 앞질러 토끼는 경주에서 그만 지고 말았던 것입니다. 성경은 "교만은 패망의 선봉이요 거만한 마음은 넘어짐의 앞잡이니라"(잠언 16장 18절)고 말씀합니다.

벼는 익으면 익을수록 고개를 숙이기 마련입니다. 하나님께서는 겸손한 자에게 은혜를 베풀어 주십니다(잠언 3장 34절). 이러므로 복 있는 사람이 되려면 지위나 재물이나 지식을 얻을수록 그만큼 더 겸손해져야 합니다.

둘째, 복 있는 사람이 행해야 할 일

복 있는 사람은 율법을 즐거워하고 주야로 묵상해

야 합니다(시편 1편 2절). 율법이란 창세기부터 요한계시록까지 성경 말씀을 의미합니다. 율법은 예수 그리스도로 말미암아 완성되었습니다(로마서 10장 4절).

말씀이 육신이 되신 예수 그리스도는 우리를 구원하시려고 우리 대신 십자가에 못 박혀 몸 찢기고 피 흘려 죽으셨습니다. 예수 그리스도는 십자가의 보혈을 통하여 우리의 죄악을 청산하시고 죄 사함을 주셨고, 질병을 청산하시고 건강을 주셨고, 저주를 청산하시고 형통한 복을 주셨습니다. 또한 악의 세력을 청산하시고 성령 충만을 주셨고, 사망과 지옥 권세를 청산하시고 영생 천국을 주셨습니다. 예수 그리스도는 십자가 사랑으로 인류 구원은 물론 율법을 완성하신 것입니다.

사람들은 자신이 사랑하는 대상을 기뻐하며 항상 생각합니다. 특히 연애하는 남녀는 서로 사랑하기 때문에 밤낮으로 상대방을 그리워하고 생각합니다. 이와 같이 우리도 예수 그리스도를 사랑하면 예수 그리스도를 기뻐하고 항상 사모하게 되고, 예수님께서 십자가에서 이루신 대속의 은혜를 즐거워하고 항상 묵상하게 되고, 예수님의 말씀을 즐거워하고 항상 묵상하게 됩니다. 그럴 때 우리는 마음속에 믿음, 소망, 사랑으로 가득하여 긍정적이고 적극적이고 창조적인 복 있는 사람으로 변화되고 우리의 환경을 복되게 만들 수 있게 됩니다.

성경은 "그런즉 누구든지 그리스도 안에 있으면 새로운 피조물이라 이전 것은 지나갔으니 보라 새 것이 되었도다"(고린도후서 5장 17절)라고 말씀합니다. 진정한 운명의 변화는 오직 예수 그리스도 안에서 일어납니다. 이러므로 복 있는 사람이 되려면 죄를 회개하고 예수 그리스도를 구주로 영접한 이후에도 끊임없이 예수 그리스도를 사랑하고 십자가 대속의 은혜와 성경 말씀을 즐거워하고 묵상해야 합니다.

셋째, 복 있는 사람의 형통

복 있는 사람은 "시냇가에 심은 나무가 철을 따라 열

매를 맺으며 그 잎사귀가 마르지 아니함 같으니 그가 하는 모든 일이 다 형통하리로다"(시편 1편 3절)라고 말씀합니다. '철을 따라 열매를 맺는다'는 것은 성공적인 삶을 말하고, '잎사귀가 마르지 않는다'는 것은 삶의 생기와 기쁨과 행복이 시들지 않는다는 것을 말하고, '다 형통하다'는 것은 끝없이 긍정적인 삶을 살 수 있다는 것을 말합니다. 결국 영혼이 잘됨같이 범사에 잘되고 강건한 삶을 살 수 있다는 것을 말합니다.

영국 런던 템즈 강변에 위치한 한 재판소의 뜰에 심겨진 한 그루의 포도나무에서 열린 포도가 영국에서 가장 맛이 좋다고 합니다. 그래서 식물학자들이 그 포도나무를 특별한 포도나무라고 생각하고 연구를 하였습니다. 그 결과 식물학자들은 이 포도나무의 뿌리가 강 밑바닥에까지 뻗어 있는 것을 발견해 냈습니다. 그 때문에 이 포도나무는 충분한 수분과 양분을 흡수해 질 좋은 열매를 맺을 수 있었던 것입니다.

복 있는 사람은 시냇가에 심은 나무처럼, 템즈 강변의 포도나무처럼 그의 사상과 생활과 신앙의 뿌리가 하늘에까지 뻗어 있습니다. 그러므로 가는 곳마다 열매 맺고 형통하게 되어 머리가 되고 꼬리가 되지 아니하며, 위에 있고 아래에 있지 아니하며, 꾸어줄지라도 꾸지 아니하는 복된 삶을 살게 되는 것입니다.

사랑하는 여러분, 참된 복은 사람의 수단과 방법으로 얻는 것이 아니라 하나님과의 올바른 관계에서 옵니다. 그러므로 여러분은 악인들의 꾀와 죄인들의 길과 오만한 자들의 자리를 단호히 버리고, 성경 말씀과 예수님을 즐거워하고 항상 묵상하게 되시기를 바랍니다. 그리할 때 여러분은 복 있는 사람이 되어 하는 일마다 형통하게 될 것입니다.

새로운 삶

"우리가 하나님과 함께 일하는 자로서 너희를 권하노니 하나님의 은혜를 헛되이 받지 말라 이르시되 내가 은혜 베풀 때에 너에게 듣고 구원의 날에 너를 도왔다 하셨으니 보라 지금은 은혜 받을 만한 때요 보라 지금은 구원의 날이로다"(고린도후서 6장 1-2절)

세계에서 가장 높은 산은 히말라야 산맥에 있는 에베레스트 산입니다. 해발 8,848m 높이의 이 산을 오르기 위해 수많은 사람들이 도전을 합니다. 에베레스트 산을 올라가는 길은 10여 개가 있지만, 갑자기 산에 눈이 많이 내려서 길이 사라지기도 하고 강한 바람 때문에 등반이 어렵게 되는 경우도 있습니다. 겨우 정상에 올랐다 하더라도 하산하다가 사고를 당해 생명을 잃는 경우도 종종 있습니다. 그래서 에베레스트 산을 오르기 위해서는 엄격한 훈련뿐만 아니라 그 산의 지형과 변화무쌍한 기후에 발 빠르게 대처할 수 있는 현지인의 안내가 필수적으로 요구됩니다. 아무리 우수한 장비를 갖추고 고도의 훈련으로 단련되었을지라도 일평생 산과 함께 지내 온 현지인의 안내 없이는 사고의 위험에서 안전할 수 없습니다.

인생은 마치 눈으로 덮여 있는 험준한 산을 오르는 것과 같습니다. 길이 모두 눈으로 덮인 산에서 우리는 자칫 잘못하면 실족하여 넘어질 수 있고, 깊은 낭떠러지로 떨어질 수도 있습니다. 그렇기 때문에 우리는 무엇보다 올바른 길로 나아가야 합니다. 그래야 성공적인 삶을 살 수 있습니다. 그렇다면 우리는 어떻게 해야 올바른 길로 나아가 성공적이고 보람된 인생을 살 수 있을까요?

첫째, 길을 만드시는 하나님을 의지하며 살아야 합니다.

하나님은 우리 인생의 길을 만드시는 'Way-maker'로서 우리의 삶을 주관하시고 인도하시는 분입니다.

출애굽기를 보면 이스라엘 백성들이 하나님의 은혜로 노예 생활에서 벗어나 모세를 좇아 이집트를 떠나왔지만, 그들의 눈앞에는 창일한 홍해가 가로막고 있었습니다. 그들은 홍해를 건너갈 다리도 없고 배도 없었습니다. 이집트의 왕은 그들을 다시 노예로 잡아가기 위해 대규모 군대를 거느리고 추격해 왔습니다. 그들은 이집트 군대와 홍해 사이에 갇혀 피할 길이 없었습니다. 사람들은 심히 동요하였습니다. 그러나 위대한 지도자 모세는 낙심하지 않고 하나님께 부르짖어 기도하였습니다. 그의 기도를 들으신 하나님께서는 강한 바람을 불게 하셔서 바다 가운데에 길을 만드는 전대미문의 역사를 베푸셨습니다. 하나님께서는 이 사건을 통해서 우리에게 구원의 길을 만드시는 분이라는 것을 분명히 보여 주셨습니다.

또한 영적으로 죄악과 타락으로 인해 하나님께로 가는 길이 단절된 인간을 위해 하나님의 아들 예수 그리스도께서 인간의 죄를 대신하여 십자가에서 죽으심으로 하나님께로 나아갈 수 있는 길을 열어 주셨습니다. 하나님과 인간 사이를 막아 놓은 죄의 울타리를 예수님께서 무너뜨리신 것입니다. 예수 그리스도의 피로 말미암아 하나님께서 용서와 축복의 길뿐만 아니라 하나님의 영광에 들어갈 수 있는 은혜의 대로(大路)를 열어 주신 것입니다.

오늘날 사람들은 어려운 시기를 어떻게 살아가야 할 것인지에 대해 고심하고 있습니다. 경제 정책의 실패로 심화되고 있는 부(富)의 양극화와 청년 실업 그리고 천정부지로 오르는 집값 등은 우리를 낙심하게 하며 절망하게 합니다. 그러나 우리가 이러한 절망 속에서도 희망을 기대할 수 있는 것은 축복의 길이 되시는 예수님께서 우리에게 길을 열어 주신다는 사실입니다.

성경에는 "야훼께서 집을 세우지 아니하시면 세우는 자의 수고가 헛되며 야훼께서 성을 지키지 아니하시면 파수꾼의 깨어 있음이 헛되도다"(시편 127편 1절)라고 말씀합니다. 하나님께서 인도하시는 길이 아니면, 우리가 행하는 일이 당장은 잘되는 것 같으나 결국은 되지 않고, 성공하는 것같이 보이지만 실패하게 됩니다. 그러나 하나님을 의지하고 나가면 축복의 길 되신 하나님께서 어떠한 난국도 타개할 수 있는 길을 열어 주시고,

성공으로 이끌어 주시는 것입니다.

이러므로 우리는 모름지기 우리의 모든 길을 여시고 만드시는 하나님을 신뢰하고 의지하며 살아야 합니다. 하나님께서 조성하신 인생길을 순종하며 나아갈 때 우리에게 맑고 밝고 환한 삶의 대로가 활짝 열리게 될 것입니다.

둘째, 길을 인도하시는 하나님과 동행해야 합니다.

하나님은 길을 만드실 뿐만 아니라 길을 인도하시는 분입니다. 아무리 훌륭한 길이 있어도 하나님께서 우리를 인도해 주시지 않으면 우리는 목적지에 도달할 수 없습니다.

이스라엘 백성이 이집트 왕 바로의 압제에서 벗어나서 기적적으로 홍해를 건너 광야에 들어섰을 때, 하나님은 낮에는 구름 기둥으로, 밤에는 불기둥으로 그들을 죽음의 땅 광야에서 안전하게 인도해 주셨습니다.

　오늘날에도 하나님은 우리를 광야 같은 세상에서 인도해 주시기 위해서 하나님의 영이신 성령님을 우리에게 보내 주십니다. 사도 바울이 광막한 소아시아 지역에서 선교 사역을 하는 동안 성령님은 언제나 그와 동행하셨습니다. 그 결과 사도 바울은 3차에 걸친 선교 여행을 무사히 마칠 수 있었으며, 온 유럽을 복음화하는 계기를 마련할 수 있었습니다.

　영국이 낳은 위대한 설교가 존 번연(John Bunyan) 목사는 국가의 허가를 받지 않고 설교했다는 이유로 국왕에게 미움을 받아서 투옥되었습니다. 어느 날, 평소 번연 목사를 흠모한 감옥의 간수장이 옥문을 열고 "목사님, 집에 가서 목욕도 하고 가족도 만나 보고 오세요. 제가 살짝 눈감아 드릴게요."라고 말했습니다. 그런데 간수장의 배려로 집으로 가던 번연 목사의 마음속에 '돌아가라! 집으로 가지 말고 돌아가라!'는 성령님의 음성이 들렸습니다. 그는 그 음성을 듣자마자 감옥으로 돌아갔습니다. 그런데 그가 감옥에 들어가고 간수장이 자물쇠를 잠금과 동시에 "국왕 폐하가 들어오고 계십니다!"라는 왕궁 시위(侍衛)의 소리가 들리더니, 국왕이 감옥에 모습을 드러내는 것이었습니다. 만일 감옥에 번연 목사가 없었다면 그는 물론 간수장까지도 목숨을 부지할 수 없는 상황이었습니다. 국왕이 돌아가자 간수장이 번연 목사에게 절을 하면서 "목사님, 정말 고맙습니다. 목사님께서 저의 목숨을 살리셨습니다. 이제 보니 목사님은 성령님의 인도를 받는 분이군요. 이제부터는 감옥 문을 열어 놓고 있을 테니, 성령님께서 말씀하시는 대로 마음껏 출입하세요."라고 말했다고 합니다.

맞습니다. 길을 인도하시는 하나님과 동행할 때 우리는 형통한 삶을 살 수 있게 됩니다. 한 치 앞을 알 수 없는 세상에서 성령 하나님의 인도하심을 받아 바른 방향으로 나아간다는 것은 놀라운 은총이 아닐 수 없습니다. 여러분 모두 하나님과 동행함으로 순간순간 그분의 인도하심에 의해 은혜와 축복이 넘치는 삶을 살게 되시기 바랍니다.

셋째, 일을 성취하시는 하나님을 기대하며 살아야 합니다.

성경은 "일을 행하시는 야훼, 그것을 만들며 성취하시는 야훼, 그의 이름을 야훼라 하는 이가 이와 같이 이르시도다 너는 내게 부르짖으라 내가 네게 응답하겠고 네가 알지 못하는 크고 은밀한 일을 네게 보이리라"(예레미야 33장 2-3절)고 말씀하고 있습니다. 이것은 우리의 모든 일을 하나님께서 행하시고 하나님께서 성취하신다는 것을 말합니다. 일의 주인은 우리가 아니라 하나님이시며 하나님께서는 자기를 사랑하는 자를 위해서 모든 것을 준비해 놓고 계시며 우리가 하나님의 능력을 기대하며 간절히 부르짖어 기도할 때 우리에게 합당하게 응답해 주신다는 것입니다. 그러므로 우리가 일을 성취하기 위해서는 하나님의 놀라운 능력과 축복을 기대하며 그분께 간구하고 기도해야 합니다. 기도하지 않으면 하나님의 능력과 축복을 받아 누리지 못합니다.

영국의 유명한 설교가인 윌리엄 템플(William Temple) 박사가 하루는 캠브리지 대학교에서 설교를 하게 되었습니다. 유명한 교수들과 명석한 학생들이 참석한 곳이라 두렵고 떨리는 마음으로 "하나님, 제가 무슨 설교를 할까요?"라고 기도했습니다. 그때 성령님께서 그의 마음속에 기도 응답에 대한 설교를 하라고 하셨습니다. 그래서 그에 관한 설교를 했는데, 한 학생이 일어나더니 "박사님, 세상에 기도 응답이 어디 있습니까? 요즘같이 과학이 발달한 세상에 그것은 미신 같은 소리입니다. 기도 응답이라는 것은 우연히 일어난 것인데 우연을 가지고 기도 응답이라고 하지 마십시오."라고 말했습니다. 템플 박사는 고개를 끄덕이며 "학생 말이 맞습니다. 그런데 이상하죠? 기도를 할 때마다 우연한 일이 자꾸 생겨나고, 기도를 하지 않으면 우연한 일이 생기지 않으니 말입니다. 나는 그 우연을 만드시는 분이 바로 하나님이라고 생각합니다. 그래서 나는 매번 일어나는 우연한 일을 위해 하나님께 기도한답니다."라고 답변했다고 합니다.

19세기 남아프리카의 성자라고 불리는 앤드류 머레이(Andrew Murray)는 "하나님의 자녀는 기도로 모든 것을 정복할 수 있다. 그러므로 사탄이 성도들에게 이 무기를 빼앗기 위해 갖은 방법을 다 쓰는 것은 이상한 일이 아니다."라고 말했습니다.

그렇습니다. 우리가 일을 만들며 성취하시는 하나님께 열심히 기도할 때 하나님의 놀라운 능력과 축복의 보화를 받아 누릴 수 있게 됩니다. 바로 이러한 하나님의 기적의 역사가 여러분의 삶에 나타남으로 날마다 순간마다 의미 있고 보람된 삶을 살게 되시기를 바랍니다.

사랑하는 여러분, 하나님은 어제나 오늘이나 영원토록 동일하신 분입니다(히브리서 13장 8절). 하나님께서는 여러분의 인생길을 만드시는 분이십니다. 그리고 하나님께서는 여러분이 갈 바를 알지 못하여 정처 없이 방황할 때 친히 여러분을 도우시고 형통한 길로 인도해 주시는 좋으신 하나님이십니다. 하나님께서는 항상 여러분과 함께 계셔서 여러분의 기도를 들으시고 신실하게 응답하시어 기적을 베풀어 주십니다. 여러분이 이러한 하나님과 동행할 때 하나님께서는 여러분의 영혼이 잘됨같이 범사에 잘되고 강건하며 생명을 얻되 풍성히 얻는 복된 삶을 살게 해 주실 것입니다.

응답 받는 기도

"일을 행하시는 야훼, 그것을 만들며 성취하시는 야훼, 그의 이름을 야훼라 하는 이가 이와 같이 이르시도다 너는 내게 부르짖으라 내가 네게 응답하겠고 네가 알지 못하는 크고 은밀한 일을 네게 보이리라"(예레미야 33장 2-3절)

아무리 건강한 사람도 숨을 쉬지 않으면 살 수가 없습니다. 이와 마찬가지로 영적으로도 숨을 쉬지 않으면 영이 죽어 갑니다. 영적 호흡은 바로 기도입니다. 우리는 기도를 통해 하나님과 교제하고 대화를 나눕니다. 이러한 기도에는 여러 가지가 있는데, 그중 하나님의 보좌로 나아가는 문을 여는 기도가 감사와 찬양의 기도입니다. 그러므로 우리가 하나님 앞에 나갈 때에는 제일 먼저 하나님께 감사와 찬양을 드려야 합니다.

오늘날 많은 사람들이 기도를 한다고 하면서도 정작 올바른 기도의 순서를 몰라 잘못 기도하고 있습니다. 기도는 마치 운동을 하는 것과 같습니다. 여러분, 운동을 어떤 순서로 합니까? 먼저 가벼운 스트레칭을 하여 몸을 풀고, 그다음에 강한 운동을 하지 않습니까? 기도도 이와 한가지입니다. 먼저 하나님께 감사와 찬양을 드리고 난 다음에 본격적으로 간구하는 기도를 드려야 하는 것입니다. 우리의 수많은 기도가 응답되지 않는 것은 감사와 찬양 없이 처음부터 일방적으로 하나님께 강요만 하기 때문입니다. 하나님을 예배하고 찬미하는 것이 신앙생활에 있어서 가장 기본입니다. 그러므로 먼저 하나님께 감사와 찬양을 드리고, 그다음에 간구를 할 때 하나님의 응답이 오는 것입니다. 그러면 하나님께서 응답하시는 간구는 어떤 것일까요?

첫째, 하나님께서 응답하시는 간구는 분명한 목표를 가지고 집중적으로 강청하는 기도입니다.

목표가 분명해야 간절히 기도할 수 있습니다. 기도를 할 때 아예 소나기처럼 집중적으로 해야 기도의 능력이 홍수처럼 넘쳐 나지, 온 천지로 흩뿌리는 가랑비처럼 기도를 하면 아무 역사도 일어나지 않습니다. 그러므로 기도의 응답을 받으려면 목표를 분명히 정해서 집중적으로 기도해야 합니다. 하나님의 도움을 구하는 목표를 정해 놓고 거기에 마음을 집중해서 부르짖어야 되는 것입니다.

확대경으로 종이의 한 곳에 초점을 맞추어서 햇빛을 집중적으로 받게 하면 연기가 모락모락 나면서 종이가 탑니다. 그러나 확대경을 이리저리 옮기면 종이를 태우지 못합니다. 기도도 그렇습니다. 한 가지 목표를 가지고 집중적으로 기도해야 응답을 받는 것입니다.

목표를 가지고 집중적으로 기도할 때에는 복잡한 말이나 수식어를 쓸 필요가 없습니다. 단순한 말로 반복해서 기도해야 됩니다. 목표를 정해 놓고 단순한 말로 1시간, 2시간, 3시간 계속해서 집중적으로 강청해야 됩니다. 응답을 받을 때까지 계속해서 떼를 쓰듯이 강청해야 되는 것입니다.

대다수의 기도가 응답되지 못하는 것은 강청하지 않기 때문입니다. 조금 기도해 보다가 응답이 없으면

뒤로 물러가 버리고 말기 때문입니다. 이런 것은 간구가 아닙니다. 떼를 쓰고 강청해야 그 기도가 응답을 받는 것입니다.

예수님께서는 "구하라 그리하면 너희에게 주실 것이요 찾으라 그리하면 찾아낼 것이요 문을 두드리라 그리하면 너희에게 열릴 것이니"(마태복음 7장 7절)라고 말씀하셨으며, "너희 중에 누가 아들이 떡을 달라 하는데 돌을 주며 생선을 달라 하는데 뱀을 줄 사람이 있겠느냐 너희가 악한 자라도 좋은 것으로 자식에게 줄 줄 알거든 하물며 하늘에 계신 너희 아버지께서 구하는 자에게 좋은 것으로 주시지 않겠느냐"(마태복음 7장 9-11절)고 강조해서 말씀하셨습니다. 우리가 분명한 목표를 가지고 강청하는 기도로 구하고 찾고 문을 두드릴 때, 하나님께서 우리에게 가장 좋은 것으로 응답해 주시는 것입니다.

둘째, 하나님께서 응답하시는 간구는 뜨거운 소원을 가지고 부르짖는 기도입니다.

냉랭한 마음으로 남의 일 보듯이 하는 기도는 간구가 아닙니다. 여러분, 사람들이 자기 집에 불이 나면 어떻게 합니까? 이리 뛰고 저리 뛰고 우물물이라도 길어서 불을 끄려고 애쓰지 않습니까? 그러나 강 건너 사람은 구경만 합니다. 팔짱 끼고 불구경하면서 "안됐다."라고 말만 합니다. 불난 집의 사람처럼 발을 동동 구르지 않습니다. 기도할 때 이처럼 강 건너 불구경하듯 해서는 안 됩니다. 뜨거운 소원이 일어나야 됩니다. 예레미야 29장 12절부터 13절에 "너희가 내게 부르짖으며 내게 와서 기도하면 내가 너희들의 기도를 들을 것이요 너희가 온 마음으로 나를 구하면 나를 찾을 것이요 나를 만나리라"고 말씀하고 있습니다. 이와 같이 하나님께서는 우리가 간절한 마음으로 부르짖을 때 응답해 주시겠다고 약속해 주셨습니다. 물론 하나님께서는 우리가 기도로 구하기 전에 우리의 생각을 다 알고 계십니다. 그럼에도 불구하고 하나님께서는 우리의 간절한 마음을 원하시기 때문에 우리에게 부르짖으라고 말씀하신 것입니다.

부르짖는 기도는 간절한 마음이 있어야 되지, 간절한 마음이 없으면 부르짖게 되지도 않습니다. 자식을 잃어버린 부모가 얼마나 안타깝게 부르짖습니까? 억울한 누명을 쓰고 고통당하는 사람이 얼마나 간절하게 호소합니까? 이와 같이 부르짖어 기도하는 것은 안타깝고 간절해서 부르짖는 것입니다.

조용하고 잠잠한 기도로도 하나님께 감사하고 찬양할 수 있습니다. 그러나 간구하는 기도, 응답 받는 기도는 땀을 뻘뻘 흘리면서 온 마음으로 주님께 부르짖으며 구하는 기도입니다. 뜨거운 열정으로 부르짖어 온 마음으로 기도할 때 응답을 받지, 그냥 쉬엄쉬엄 고요하고 잠잠하게 기도하면 응답이 오지 않습니다. 그렇기 때문에 우리는 하나님께 기도할 때 온 마음으로 뜨거운 소원을 가지고 부르짖어 기도해야만 되는 것입니다.

셋째, 하나님께서 응답하시는 간구는 끊임없이

구하는 기도입니다.

간구는 마음에 한이 서려서 끊임없이 부르짖는 것입니다. 한 번 기도하고 난 다음에 일주일 지나서 기도하는 것은 간구가 아닙니다. 간구는 아침에도 점심에도 저녁에도 앉으나 서나 늘 마음에 간절히 부르짖는 기도입니다.

어거스틴(Augustine)은 젊은 시절에 음란하고 방탕하고 이방 신을 섬겼으며, 도무지 주님께로 가까이 오지 않습니다. 그렇기 때문에 그의 어머니 모니카는 외아들인 어거스틴을 위해서 밤낮으로 기도했습니다. 아침이고 점심이고 저녁이고 끊임없이 "하나님 아버지여! 우리 아들 어거스틴이 변화 받게 해 주시옵소서."라고 기도했습니다. 그 어머니의 기도가 얼마나 몸서리났던지, 어거스틴은 어머니를 피해 로마로 도망갔습니다. 하지만 어머니 모니카는 포기하지 않고 로마로 따라와서 계속 아들을 위해 기도했습니다. 그 결과로 나중에 어거스틴은 회개하고 기독교 역사상

가장 위대한 성자가 되었습니다.

   한두 번 기도하고 나서 그만두면 안 됩니다. 밤낮으로 기도해야 합니다. 거듭거듭 기도해야 합니다. 응답이 될 때까지 끈질기게 기도해야 되는 것입니다.

넷째, 하나님께서 응답하시는 간구는 인내하며 외치는 기도입니다.

   100편이 넘는 서부 소설을 써서 200만 부 이상의 판매 부수를 올린 미국의 베스트셀러 작가 루이스 라모르는 첫 원고를 출판하기 위해 출판사의 문을 두드렸지만 무려 350번이나 거절당했던 사람입니다. 만일 그가 350번째 거절에 낙심해서 글쓰기를 포기했다면, 그는 역사에 남는 작가가 되지 못했을 것입니다. 그러나 포기하지 않고 끝까지 시도한 결과 성공을 하였고, 훗날 국가에 기여한 공로가 인정되어 미국 작가로서는 처음으로 의회에서 수여하는 특별 메달을 받았습니다.

세계를 뒤흔든 베스트셀러 「해리포터」의 작가 조앤 K. 롤링(Joanne Kathleen Rowling) 역시 12번이나 출판사에 원고를 가져갔으나 거절당했습니다. 그러나 그녀는 자신의 작품을 알아줄 때까지 포기하지 않았습니다. 결국 그녀의 책은 출판되어 순식간에 베스트셀러가 되었고, 지금은 수십 개국의 언어로 번역되어 전 세계에서 판매되고 있으며, 그녀를 큰 부자로 만들어 주었습니다.

미국의 유명한 장군 더글라스 맥아더(Douglas MacArthur)는 웨스트포인트 사관학교에 시험을 쳤다가 두 번이나 낙방했습니다. 그러나 그는 포기하지 않고 세 번째 또 응시해서 웨스트포인트 사관학교에 입학하여 공부를 마치고 장교가 되었습니다. 그 후 그는 태평양전쟁에서 일본과 싸워서 제2차 세계 대전을 승리로 이끌었으며, 6·25 전쟁 때 참전하여 우리나라를 건져 주었습니다.

간구라는 것은 이처럼 한번 시작했으면 끝장을 보

는 것입니다. 낙심하지 않고 하나님의 응답이 올 때까지 부르짖어 외치는 것이 간구인 것입니다. 우리에게는 이러한 간구가 필요합니다. 그러므로 우리는 한두 번 기도하고 안 된다고 포기하지 말고 끝까지 인내해야 됩니다. 10년이 걸려도 낙심하지 마십시오. 20년, 30년, 40년, 50년 기도해서 응답 받는 기도도 있습니다. 그렇기 때문에 우리가 낙심하지 말고 계속해서 부르짖어야 하는 것입니다.

응답은 하나님의 능력이 나타나서 살아 계신 하나님을 만나 뵙는 체험이 됩니다. 많은 설교를 듣는 것보다 한 번 체험하는 것이 굉장한 감동을 줍니다. 설교를 들으면 마음속에 깨닫고 은혜를 받지만, 기도의 응답을 받으면 '하나님이 정말 살아 계시는구나! 하나님을 내가 만났다!'라는 확신을 갖게 되고 큰 변화가 다가오게 되는 것입니다.

이사야 49장 8절에 "야훼께서 이같이 이르시되 은혜의 때에 내가 네게 응답하였고 구원의 날에 내가 너를 도왔도다"라고 말씀하고 있습니다. 또 하나님께서는 "그가 내게 간구하리니 내가 그에게 응답하리라"(시편 91편 15절)고 말씀하셨으며, "너는 내게 부르짖으라 내가 네게 응답하겠고 네가 알지 못하는 크고 은밀한 일을 네게 보이리라"(예레미야 33장 3절)고 약속하셨습니다. 하나님은 우리의 기도에 응답해 주기 위해 기다리고 계신 것입니다.

기도 응답을 받으면 하나님의 능력이 우리의 생활 속에 나타나서 우리를 변화시켜 줍니다. 작은 일이라도 하나님의 응답을 받고 나면 얼마나 마음에 희망이 생기고 용기가 생기는지 모릅니다. 하나님의 응답을 받으면 우리가 듣고 알던 하나님을 직접 체험함으로써 믿음이 확실해지고, 막연하게만 생각하던 천국도 실감이 나고, 삶의 용기가 살아납니다. 이러므로 여러분 모두 하나님께 간구하여 응답을 받게 되시기를 예수님 이름으로 축원합니다.

가족 사랑, 가정 행복

"아내들아 남편에게 복종하라 이는 주 안에서 마땅하니라 남편들아 아내를 사랑하며 괴롭게 하지 말라 자녀들아 모든 일에 부모에게 순종하라 이는 주 안에서 기쁘게 하는 것이니라 아비들아 너희 자녀를 노엽게 하지 말지니 낙심할까 함이라"(골로새서 3장 18-21절)

가정은 남편과 아내, 부모와 자녀가 사랑으로 연합된 공동체입니다. 이런 가정에서는 가족 중 한 사람이 삶의 전쟁터에서 어떤 상처를 입더라도 가족의 사랑으로 치료와 위로를 받고 삶의 용기와 힘을 얻을 수 있습니다. 그러나 요즘 많은 가정에서 가족 구성원 간에 사랑하지 못함으로 말미암아 서로에게 아픔과 상처를 주고 삶의 의욕을 빼앗아 가는 일이 종종 있습니다. 이러한 가정의 위기는 반드시 극복해야 할 우리의 과제입니다.

톨스토이(Lev Nikolaevich Tolstoi)는 "사랑이란 자기희생이다. 이것이야말로 우연에 의존하지 않는 유일한 행복이다."라고 말했습니다. 그러므로 우리가 사랑이 넘치는 행복한 가정을 이루기 위해서는 가족의 구성원으로서 자신에게 주어진 의무를 다하는 희생이 있어야 합니다.

첫째, 부부간의 사랑

성경을 보면 하나님께서 여자를 만드실 때 아담의 갈빗대를 취해서 여자를 만드셨다고 말씀하고 있습니다(창세기 2장 21-22절). 이는 남녀가 평등하여 서로 사랑해야 하는 관계임을 의미합니다. 그러나 남녀가 가정을 이루고 사는 데 있어서 남편과 아내라는 직분상의 위계질서는 다릅니다. 성경은 "남편이 아내의 머리됨이 그리스도께서 교회의 머리됨과 같음이니 그가 바로 몸의 구주시니라"(에베소서 5장 23절)고 말씀합니다. 가정은 남편과 아내가 상호 협력하는 관계 속에서 남편은 머리가 되고 아내는 몸이 되는 것입니다. 그러면 아내는 남편에게, 남편은 아내에게 어떤 사랑의 의무를 행해야 할까요?

아내는 남편에게 교회가 그리스도에게 하듯 복종

해야 합니다(에베소서 5장 24절). 이는 아내가 남편에게 무조건 복종해야 한다는 것이 아니라, 주님의 사랑과 하나님의 말씀으로 이끌어 줄 때 남편의 권위에 복종하라는 것입니다. 탈무드에서는 "순종하는 아내를 얻은 남자가 가장 행복한 사람이다."라고 말합니다.

또한 아내는 남편을 존경해야 합니다(에베소서 5장 33절). 남편이 어떤 역경에 처할지도 아내가 남편의 권위를 받들어 주고 남편을 존경하면, 남편이 용기와 힘과 자부심을 얻어 이 세상에서 당당하게 살아가게 됩니다.

그리고 아내는 남편을 도와주어야 합니다. 하나님께서는 아내를 남편을 돕는 배필로 만드셨기 때문입니다(창세기 2장 20절). '돕는 배필'이란 하나님의 거룩한 뜻을 받들어 남편과 하나가 되어 협조하도록 지음 받은 존재를 의미합니다. 탈무드에서는 '아내를 남편의 집'이라고 말합니다. 남편은 아내에게서 쉼을 얻는다는 것입니다. 그러므로 남편에게는 아내가 꼭 필요하고 소중한 존재인 것입니다. 아프리카의 성자 알버트 슈바이처(Albert Schweitzer) 박사는 "내가 유명해진 것은 일생 동안 함께 살며 내조해 준 아내의 절대적인 공로입니다."라고 회고했습니다.

저는 30년간 한국에서 함께 사역한 존 허스톤(Jcne Hurston) 목사님과 해외 선교 여행을 많이 다녔습니다. 그런데 그 목사님의 여행 가방을 열면 그 속에 반드시 부인의 편지가 있었습니다. 그 편지에는 여행을 평안히 다녀오라는 내용이 적혀 있었습니다. 그리고 옷을 입고 주머니에 손을 넣으면 주머니 속에도 부인이 적은 쪽지가 반드시 들어 있었습니다. 쪽지에 목사님에게 무엇을 하라고 조언하는 내용이 적힌 것을 보고 저는 늘 웃곤 했습니다. 그런데 그때 이와 같은 배려가 서로를 행복하게 하는 데 굉장한 도움이 되는 것을 보았습니다.

아내의 의무가 있듯이 남편의 의무도 있습니다. 남편은 아내를 그리스도께서 교회를 사랑하심과 같이 사랑해야 합니다(에베소서 5장 25절). 예수 그리스도께서 몸 찢기고 피 흘려서 우리에게 구원을 베풀어 주신 것처럼 남편은 아내를 사랑해야 합니다.

또한 남편은 아내를 아끼고 보호해야 합니다. 성경은 "남편들도 자기 아내 사랑하기를 자기 자신과 같이 할지니 자기 아내를 사랑하는 자는 자기를 사랑하는 것이라 누구든지 언제나 자기 육체를 미워하지 않고 오직 양육하여 보호하기를 그리스도께서 교회에 함과 같이 하나니 우리는 그 몸의 지체임이라"(에베소서 5장 28-30절)고 말씀합니다. 남편은 자기 몸을 아끼고 돌보듯이 아내를 아끼고 돌보아야 하는 것입니다.

파킨슨병으로 말도 못하고 움직이지도 못하는 한 부인이 있었습니다. 그런데 그 부인의 남편이 그녀를 헌신적인 사랑으로 돌보아 주었습니다. 그 남편은 평소에 건강하고 아름답던 아내의 모습이 찍힌 사진을 온 벽 가득 붙여 놓고, 아내의 손을 잡고 그 사진을 늘 바라보며 "당신은 저렇게 건강한 사람이야, 파킨슨병에 걸린 비참한 사람이 아니야." 하며 아내를 격려하고 걷게 하고 즐거운 대화를 나누어 기쁘게 해 주었습니다. 그 결과 13년 만에 아내가 병 고침을 받고 건강하게 되었다고 합니다.

이처럼 아내로서, 남편으로서의 의무를 다할 때 행복한 가정이 되는 것입니다.

둘째, 부모의 자녀 사랑

성경은 "자식들은 야훼의 기업이요 태의 열매는 그의 상급이로다"(시편 127편 3절)라고 말씀합니다. 그러므로 부모는 하나님께로부터 받은 자녀를 사랑으로 잘 양육하여 하나님께 돌려드려야 할 책임이 있습니다. 그러면 부모는 자녀에게 어떤 사랑의 의무를 행해야 할까요?

부모는 자녀를 사랑하고 보호해야 합니다. 성경은 "아비들아 너희 자녀를 노엽게 하지 말고"(에베소서 6장 4절)라고 말씀합니다. 자녀에게 폭력과 폭언을 사용하거나 자녀를 억압해서 상처를 주고 노엽게 해서는 안 됩니다. 소외되고 멸시와 천대를 받는 자녀는 방황하고 나뿐 곳이나 유해한 정보 매체에 빠져들기 때문입니다.

또한 부모는 자녀를 오직 '주의 교훈과 훈계', 즉 하나님의 말씀으로 양육해야 합니다(에베소서 6장 4절). 그래서 자녀들이 예수 그리스도를 믿어 구원을 받게 해야 할 뿐 아니라 하나님과 사람에 대한 사랑의 의무를 감당하는 온전한 사람으로 성장하게 해야 합니다(디모데후서 3장 15-17절). 이를 위해 부모가 먼저 신앙생활 속에서 모범을 보여 주어야 합니다.

에이브러햄 링컨(Abraham Lincoln)은 가난한 집에서 태어났습니다. 그의 어머니는 가보로 물려받은 성경책을 가지고 그에게 글 읽는 법과 하나님의 진리를 가르쳤습니다. 그가 열세 살이 되었을 때 그의 어머니는 유행병에 걸려서 세상을 떠나고 말았습니다. 훗날 미국의 16대 대통령이 된 링컨은 "평생에 나를 감동시키고 나에게 지혜와 지식과 판단력이 되었던 것은 어머니께서 가르쳐 주신 성경책이다."라고 회고했습니다.

부모로서의 의무를 다할 때 자녀가 올바르게 성장하고 가정이 행복해지는 것입니다.

셋째, 자녀의 부모 사랑

인류 최초의 부모인 아담과 하와는 하나님께서 직접 만드셨으나 그다음부터는 아담과 하와가 자녀를 낳도록 하셨습니다(창세기 1장 28절). 그 때문에 부모는 하나님의 대리로서 자식을 낳고 기르는 것입니다. 이런 부모를 공경하면 하나님을 공경하는 것이 됩니다. 하나님께서는 자녀가 부모를 공경하는 것을 얼마나 원하셨던지, 부모를 공경하면 세상에서 잘되고 장수하는 복을 주시겠다고 약속하셨습니다(에베소서 6장 2-3절). 그러면 자녀가 부모를 공경하기 위해 어떤 사랑의 의무를 행해야 할까요?

자녀는 주님 안에서 부모에게 순종하여 기쁘게 해 드려야 합니다. 성경 말씀에 어긋나지 않는 한 부모님의 말씀에 순종해야 합니다.

한 소년이 어릴 때부터 바다를 좋아했습니다. 그는 언제나 선원이 되기를 원했습니다. 그는 장성하자 선원 훈련을 받고 배를 타고 먼 바다로 건너가기 전에 어머니에게 작별 인사를 했습니다. 그런데 아들이 바다로 간다는 말을 듣자 어머니는 통곡했습니다. 어머니의 눈물을 보고 큰 충격을 받은 그는 '차라리 내 꿈을 버리더라도 어머니를 즐겁게 해 드려야지.'라고 마음먹고 그의 꿈을 포기했습니다. 그가 훗날 미국의 초대 대통령이 된 조지 워싱턴(George Washington)입니다. 그는 대통령으로서 미국이 세계 최강국이 되는 기초를 쌓는 복을 받았습니다.

또한 자녀는 부모에게 감사해야 합니다. 자신을 낳아 주시고 길러 주신 부모님의 고통과 희생을 먼저 생각하고 그 은혜를 기억하며 감사해야 됩니다.

중국의 장개석 총통을 30년간 모시고 있었던 시종무관 오문기 장군은 다음과 같은 이야기를 썼습니다. 한번은 장 총통의 생일을 맞이하여 사람들이 음식을 차려 놓고 대접을 하려 했는데, 장 총통은 "내 생일은 어머님이 나를 낳느라고 고생을 하고 고통을 당한 날이기 때문에 내가 잘 먹고 잘 입을 자격이 없다. 오히려 어머니가 잘 잡수시고 잘 드셔야 되는데 이미 세상을 떠나셨으니 내가 어머니를 기념하고 감사할 것이다."라고 사양하며, 생일날 물 한 모금도 안 마시고 어머니를 생각하며 생일을 보냈다고 합니다.

그리고 자녀는 부모를 영육 간에 돌보아 드려야 합니다. 성경은 "누구든지 자기 친족 특히 자기 가족을 돌보지 아니하면 믿음을 배반한 자요 불신자보다 더 악한 자니라"(디모데전서 5장 8절)고 말씀합니다. 부모가 아직 구원을 받지 못했다면 예수님을 믿고 구원받도록 전도하고 기도해 드려야 합니다. 뿐만 아니라 부모를 위로하고 격려하고 물질적으로 도와드려야 합니다.

미국 필라델피아에 사는 한 소년은 가정이 매우 가난해서 그의 어머니가 가죽 가방에 물건을 가득 담아 각 상점에 배달하는 일을 했습니다. 고생하는 어머니를 본 그는 '어떻게 하면 어머니가 물건을 가볍게 배달할 수 있을까?' 생각하고 연구하다가 종이 백을 만들었습니다. 그런데 가볍고 편리한 종이 백이 특허를 받아 온 세계에서 사용하게 되어 그는 백만장자가 되었고 어머니를 잘 모시게 되었습니다. 이 소년이 바로 찰스 스틸웰(Charles Stilwell)입니다.

자녀로서의 의무를 다할 때 부모의 기쁨이 되고 가정이 행복해지는 것입니다.

우리가 이 땅에서 피할 수 있는 요새요, 피난처는 가정밖에 없습니다. 남편과 아내, 부모와 자식이 사랑으로 뭉쳐야 할 가정이 흐트러지면 사회와 국가도 무너지고 맙니다. 그러므로 가족이 더 뜨거운 사랑으로 뭉치도록 아내와 남편, 부모와 자녀 모두가 사랑의 의무를 충실히 행해야 합니다. 그럴 때 행복한 가정을 이루고, 가정의 행복을 통해 국가 발전과 하나님 나라 확장에 기여하게 될 것입니다.

감사의 능력

"감사로 제사를 드리는 자가 나를 영화롭게 하나니 그의 행위를 옳게 하는 자에게 내가 하나님의 구원을 보이리라"(시편 50편 23절)

우리는 가을을 일컬어 천고마비(天高馬肥)의 계절이라고 합니다. '천고마비'는 본래 '추고마비'(秋高馬肥)가 변화된 말입니다. 중국 역사서인 「한서(漢書)」의 '흉노전'(匈奴傳)을 보면, '추고마비'란 중국 북쪽의 오랑캐인 흉노족이 활동하기에 가장 좋은 계절이라는 뜻을 가지고 있습니다. 반면 당나라의 '문장사우'(文章四友) 가운데 한 사람이며 두보(杜甫)의 조부인 두심언(杜審言)의 시에서는 '추고마비'를 변방의 아름다운 가을의 경치를 표현하는 데 사용하고 있습니다. 이와 같이 '추고마비', 즉 '천고마비'는 누가, 어떻게 표현하느냐에 따라서 상반된 의미를 갖게 됩니다.

인간의 마음도 마찬가지입니다. 우리가 어떤 마음을 가지고 살아가느냐에 따라서 삶의 모습은 상반된 결과를 낳게 됩니다. 고난 가운데에 있을지라도 감사하는 사람은 행복할 수 있습니다. 반면 풍요로운 삶을 살면서도 감사할 줄 모르는 사람은 아무리 부유한 삶을 누리고 있을지라도 불행할 수 있습니다.

감사는 삶을 변화시키는 잠재된 능력이 있습니다. 그래서 감사의 마음을 가진 사람은 어떠한 환경에도 흔들리지 않으며 모든 것들을 긍정적으로 바라보고 꿋꿋하게 자신의 길을 걸어갑니다. 또한 감사는 자기를 더욱 풍성하게 하고 주변 사람들까지 변화시키는 능력이 있습니다.

그렇다면 감사에는 구체적으로 어떠한 잠재 능력이 있을까요? 저는 여러분들과 함께 감사의 능력에 대해서 알아보고 은혜를 나누고자 합니다.

첫째, 감사는 하나님을 영화롭게 합니다.

시편 50편 23절에는 "감사로 제사를 드리는 자가 나를 영화롭게 하나니 그의 행위를 옳게 하는 자에게 내가 하나님의 구원을 보이리라"고 기록되어 있습니다. 구약 시대의 제사는 오늘날의 예배를 의미합니다. 예배를 감사와 기쁨으로 드릴 때 그 예배는 하나님을 영화롭게 할 뿐만 아니라 예배하는 자들 모두에게 큰 위로와 평안을 가져다줍니다.

미얀마에서 사역했던 아도니람 저드슨(Adoniram Judson) 선교사는 잘생긴 용모는 아니었지만 '기쁨의 얼굴'이라는 별명을 가지고 있었습니다. 19세기 초 미얀마에서의 선교 사역은 매우 힘들고 열악했지만, 저드슨 선교사는 어떤 상황에서도 절망하거나 낙심하지 않고 감사와 기쁨으로 생활했습니다. 그의 마음에 기쁨이 가득하고 감사가 넘쳤기 때문에 그의 얼굴은 늘 환하게 빛났습니다. 누구든지 저드슨 선교사를 만나면 즐거워지고 평안해지고 명랑해졌으며 그의 모습을 통해 좋으신 하나님을 만날 수 있었습니다. 저드슨 선교사의 감사와 기쁨의 삶이 하나님을 영화롭게 한 것입니다. 미얀마 사람들에게 저드슨 선교사의 '기쁨의 얼굴'은 감사의 마음으로부터 만들어진 세상에서 가

장 아름다운 얼굴로 기억되고 있습니다.

'밀림의 성자'로 불리는 슈바이처(Albert Schweitzer) 박사는 임종을 앞두고 프랑스에 사는 친구에게 마지막 편지를 보내며 다음과 같이 고백했다고 합니다.

"자네가 이 편지의 회신을 보내기 전에 아마도 난 죽을 것 같네. 내가 죽었다는 소식을 듣더라도 슬퍼하지 말게나. 나는 이 세상에서 가장 축복받은 자라고 생각하네. 불쌍한 사람들을 섬기는 일을 60여 년간이나 할 수 있었고, 90세의 노구(老軀)를 이끄는 오늘 이 순간까지 이 일을 계속할 수 있었던 것은 과거나 현재나 변함없이 돌보아 주시는 하나님의 크신 은혜와 사랑 때문이었다고 확신하네. 나는 전심을 다해 하나님께 감사하는 마음을 드리고 싶다네."

슈바이처 박사는 죽음의 순간에도 자신을 인도해 주시고 보호해 주신 하나님께 감사의 고백을 하며 생을 마감하였습니다. 이처럼 감사는 죽음의 상황에서도 하나님을 영화롭게 할 수 있는 능력이 있습니다.

둘째, 감사는 기쁨과 행복을 가져옵니다.

우리가 감사할 때 우리의 마음에는 맑고 밝고 환한 태양이 떠올라 기쁨과 행복의 햇살을 마음껏 받아 누릴 수 있습니다.

유대인들은 자녀들에게 '자기 소유에 만족하며 감사할 줄 아는 사람이 이 세상에서 가장 부유한 사람이다.'라고 가르칩니다. 유대인들은 감사하는 삶이 행복의 열쇠라는 것을 선조들의 경험을 통해 명확히 알고 있었기 때문에 어린 자녀들에게 자기가 소유하고 있는 것에 대해 만족하고 감사하며 살도록 가르치고 있습니다.

부부간에, 이웃 간에 감사하십시오. 부부간이라도 오랜 세월 같이 살다 보면 크고 어려운 일을 해 주어도 당연지사로 생각하는 경우가 많습니다. 작은 도움에도 감사하는 마음을 표현할 때 서로 간에 마음이 밝아지고 행복해지는 것입니다.

제가 처음 미국에 갔을 때 한 가정에 초대된 적이 있었습니다. 그 가족들은 얼굴에 미소가 가득했고 매우 행복해 보였습니다. 그런데 식사를 하면서 놀라운 모습을 보게 되었습니다. 아버지가 아들에게 물을 달라고 하여 아들이 물 잔을 주자 "Thank you!"라고 말하는 것이었습니다. 그뿐 아니라 식사 중에 무엇을 요청해서 받을 때마다 건네주는 사람에게 "Thank you!"를 연발하는 것이었습니다. 우리나라에서는 아버지가 아들에게 사소한 심부름을 시키는 것은 당연지사이므로 저는 이것이 생소했습니다. 하지만 저는 그때 감사에 대하여 크게 깨닫게 되었습니다. 그것은 눈에 보이는 생활에서 사소한 것에 감사할 줄 아는 사람이 눈에 보이지 않는 하나님께 감사할 수 있다는 것입니다.

아리스토텔레스(Aristoteles)는 "행복은 감사하는 사람의 것이다."라고 하였고, 존 밀러(John Miller)는 "사람이 얼마나 행복한가는 그가 감사함을 느끼는 깊이에 달려 있다."라고 말하였습니다. 또한 영국의 종교

가이며 기도의 사람으로 알려진 윌리엄 로우(William Law)는 "만족과 행복을 가장 빠르게 찾는 비결은 범사에 감사하는 데 있다."라고 말하였습니다.

원망과 불평은 우리의 마음을 억압하여 많은 고통을 가져옵니다. 반면 감사와 찬양은 하나님의 영광을 가져오기 때문에 우리의 마음을 맑고 밝고 환하게 하여 긍정적이고 적극적이고 창조적인 삶으로 변화시켜 줍니다. 우리가 하나님께 감사하고 범사에 감사가 넘치는 삶을 살아갈 때, 하나님께서는 선하심과 인자하심으로 우리에게 기쁨과 행복을 넘치도록 부어 주십니다. "주는 나의 하나님이시라 내가 주께 감사하리이다 주는 나의 하나님이시라 내가 주를 높이리이다 야훼께 감사하라 그는 선하시며 그의 인자하심이 영원함이로다"(시편 118편 28-29절).

셋째, 감사는 마음을 치료하고 역경을 이기게 합니다.

불평은 미움, 분노, 불안, 절망, 탄식을 가져오지만 감사는 이 모든 것을 치료하는 능력이 있습니다. 독사에게 물리면 독이 혈관을 타고 들어가서 피를 응고시킵니다. 그러면 심장 활동이 중지되어 결국 죽음에 이르게 됩니다. 그러므로 독사에게 물렸을 때에는 가능한 한 빨리 해독제를 주사해야만 합니다. 우리의 마음속에 불평이라는 독이 들어오면 미움, 분노, 불안, 절망, 탄식이 우리의 생각과 삶에 가득 차게 되어 결국 인생을 파멸시키게 됩니다. 그렇기 때문에 우리는 불평의 독을 해독해야만 합니다.

불평의 독을 중화시키는 해독제는 무엇일까요? 그것은 '감사'입니다. 감사는 우리의 마음속에 가득한 불평의 독을 중화시킬 뿐만 아니라 우리의 상하고 아픈 마음을 깨끗이 치료하고 인생을 밝고 맑고 환하게 변화시키는 능력이 있습니다.

성경을 보면 하나님께 감사함으로 기적을 체험하고 수많은 역경을 이겨 낸 많은 인물이 있습니다. 야곱의 아들 요셉도 그중 한 사람입니다. 성경에서 요셉은 하나님께서 늘 동행했던 사람으로 묘사되어 있습니다. "야훼께서 요셉과 함께하심이라 야훼께서 그를 범사에 형통하게 하셨더라"(창세기 39장 23절).

왜 하나님께서는 요셉과 함께하셨을까요? 그 이유는 요셉이 고난 가운데서도 늘 하나님께 감사했기 때문입니다. 감사가 있는 곳에 하나님께서 함께하십니다. 요셉은 억울하게 보낸 종살이 10년과 강간범의 누명을 쓰고 감옥에서 지낸 3년의 세월 동안 단 한 번도 하나님을 원망하지 않았습니다. 요셉은 늘 감사하며 살았습니다. 하나님을 향한 그의 변함없는 감사가 고난과 절망의 삶을 극복하게 했던 것입니다.

불평하기 위해서는 따로 노력할 필요가 없습니다. 불평은 생활 속에서 자연스럽게 쏟아져 나옵니다. 그러나 감사는 그렇지 않습니다. 감사의 삶을 살기 위해서는 매순간 굳은 결심과 꾸준한 노력을 해야 합니다.

일단 우리에게서 감사가 나오기 시작하면 그 감사는 대단한 위력을 발휘하게 됩니다. 감사는 먼저 우리의 마음에 기쁨과 행복을 가져다주고 우리가 가지고 있는 모든 마음의 아픔과 상처를 치료합니다. 그리고 감사가 있는 곳에는 늘 하나님께서 함께하시므로 어떠한 고난과 역경이 다가와도 능히 극복할 수 있게 되어 하나님의 이름을 영화롭게 할 수 있습니다.

기독교는 감사의 종교입니다. 감사의 삶은 하나님의 뜻 가운데 있는 복된 삶입니다. 성경은 "항상 기뻐하라 쉬지 말고 기도하라 범사에 감사하라 이것이 그리스도 예수 안에서 너희를 향하신 하나님의 뜻이니라"(데살로니가전서 5장 16-18절)고 말씀하고 있습니다. 우리가 비록 고난과 역경 가운데 있을지라도 매일의 삶 속에서 감사를 생활화한다면, 하나님께서 우리와 함께하시므로 모든 어려움을 이겨 낼 수 있을 것입니다.

아무쪼록 여러분의 삶 가운데 감사의 능력이 넘쳐 나서 하나님께서 주시는 기쁨과 행복과 치료와 승리를 체험하시기를 예수님의 이름으로 간절히 축원합니다.

더 멀리 나아가라

A Springboard for Future

참된 인생
기쁨을 가져오는 삶의 자세
하나님께서 주신 가장 귀한 선물
당신의 사명은 무엇입니까?
도전과 응전
희망을 향해 나아가라!

A Springboard for Future

참된 인생

"내 아들아 내 말에 주의하며 내가 말하는 것에 네 귀를 기울이라 그것을 네 눈에서 떠나게 하지 말며 네 마음속에 지키라 그것은 얻는 자에게 생명이 되며 그의 온 육체의 건강이 됨이니라 모든 지킬 만한 것 중에 더욱 네 마음을 지키라 생명의 근원이 이에서 남이니라 구부러진 말을 네 입에서 버리며 비뚤어진 말을 네 입술에서 멀리하라 네 눈은 바로 보며 네 눈꺼풀은 네 앞을 곧게 살펴 네 발이 행할 길을 평탄하게 하며 네 모든 길을 든든히 하라 좌로나 우로나 치우치지 말고 네 발을 악에서 떠나게 하라"
(잠언 4장 20-27절)

저는 세계 각처에 여행을 많이 다녔습니다. 그런데 저에게는 여행을 떠나기 전에 정성스럽게 짐을 꾸리는 습관이 있습니다. 짐을 잘 꾸려 놓아야 여행지에 가서 당황하거나 낭패를 당하지 않기 때문입니다. 우리의 인생도 그렇습니다. 우리는 매일매일 새로운 미지의 시간을 향해 여행을 떠납니다. 그러면 성공적인 여행을 위해서 우리가 반드시 가져야 할 마음의 결단은 무엇일까요?

첫째, 정의롭게 살기로 결단해야 합니다.

예수님께서는 그리스도인들을 가리켜 '세상의 소금'이라고 말씀하셨습니다(마태복음 5장 13절). 소금은

부패를 방지한다는 의미에서 정의를 상징합니다. 정의가 없으면 개인과 가정, 사회, 국가에 부패와 절망이 다가옵니다. 아무리 정당하게 권력을 얻었다 하더라도 그것을 정의롭게 사용하지 못하면 개인이 부패하고 사회가 부패하고 나라가 부패하여 종국에는 망하고 맙니다.

제2차 세계 대전이 한창이던 1942년, 독일의 히틀러(Adolf Hitler)는 폭설과 강풍이 몰아치는 혹한의 한겨울에 30만 명의 독일군에게 소련의 모스크바를 점령하라는 명령을 내렸습니다. 참모들이 모두 불가능한 작전이라고 말려도 그는 막무가내로 고집을 부렸습니다. 그의 권력에는 정의는 없고 불의와 독재만 있었을 뿐입니다. 어쩔 수 없이 독일군은 넉넉하지 못한 식량과 제대로 사용할 수도 없는 무기를 가지고 매서운 추위 속에서 진격을 감행했습니다. 그러나 독일군은 소련군에게 패배하여 20만 명이 전사하고 9만 명이 포로가 되는 치명적인 타격을 받았습니다. 히틀러 한 사람의 야욕과 불의한 고집으로 말미암아 수많은 인명이 희생되었고 결국 독일은 패망의 길을 걷게 되었습니다. 이렇듯 권력에 정의가 빠지면 독재와 폭정이 되고 마는 것입니다.

철학자 아리스토텔레스(Aristoteles)는 "정의는 사회의 질서다."라고 말했습니다. 정의가 있는 곳에는 질서와 평화, 발전과 번영이 있다는 뜻입니다. 또한 D. D. 필드(D. D. Field)는 "정의는 모든 것의 위에 있다. 성공도 좋고, 부(富)도 좋고, 명예도 좋은 것이지만, 정의는 그 모두를 능가한다."라고 말했습니다. 어떤 힘이나 권력도 정의를 넘어설 수는 없다는 말입니다. 그래서 영국 속담에 "하늘이 무너져도 정의를 지키라."고 하였으며, 신성로마제국의 황제 페르디난트 1세(Ferdinand I) 역시 "세계가 소멸할지라도 정의를 이루라."고 강조했던 것입니다.

그러므로 우리는 나 자신부터 정의를 실천해야 합니다. 우리의 죄악과 불의를 매일같이 자복하고 회개하며 주님의 보혈로 씻고 하나님 앞에 나아가 하나님께 도움을 구하고 정의롭게 살도록 노력하고 애써야 합니다.

둘째, 정직하게 살기로 결단해야 합니다.

오늘날 이 세상은 온갖 허위와 거짓이 판치고 있습니다. 그 이유는 온 세상이 거짓의 아비인 악한 마귀 아래 있기 때문입니다. 성경은 "또 아는 것은 우리는 하나님께 속하고 온 세상은 악한 자 안에 처한 것이며"(요한일서 5장 19절)라고 말씀하며, "그는 처음부터 살인한 자요 진리가 그 속에 없으므로 진리에 서지 못하고 거짓을 말할 때마다 제 것으로 말하나니 이는 그가 거짓말쟁이요 거짓의 아비가 되었음이라"(요한복음 8장 44절)고 말씀하고 있습니다. 마귀는 사람들에게 항상 거짓을 말하고 거짓을 가르치고 거짓되게 살도록 만듭니다. 사람들은 "이 세상에 살면서 거짓말 안 하고는 정치도 못하고 사업도 못하고 성공적인 인생을 살지도 못한다."라고 말합니다. 그것은 마귀의 거짓말입니다. 거짓말에 속은 아담과 하와를 보십시오. "선악과를 따 먹으면 너희 눈이 밝아 하나님처럼 된다."라고 하는 마귀의 말에 얼마나 귀가 번쩍 뜨였겠습니까? 그러나 그 거짓말에 속아 선악과를 따 먹은 결과 그들의 인생은 처참한 파탄에 이르고 말았습니다.

 1·4 후퇴 때 은행에서 돈을 대출받았던 한 기업인이 피난을 가기 전에 은행을 찾아가 대출금을 갚으려고 했습니다. 창구 직원은 "이 난리통에 어떻게 될지 모르니 갚을 필요가 없습니다."라며 어서 피난이나 가라고 했지만 그는 자신이 빌린 돈이니 갚아야 한다며 돈을 갚고 피난을 갔습니다. 후에 그는 제주도에서 군부대에 생선을 납품하는 원양 어업을 시작하려고 했으나 수중에 돈도 담보물도 전혀 없었습니다. 그는 사업 자금을 마련하기 위해 한 은행에 도움을 요청하려고 찾아갔습니다. 그런데 마침 그 은행의 은행장이 1·4 후퇴 때 빌린 돈을 갚았던 그를 알아보고 두말없이 무담보로 2억 원을 융자해 주었습니다. 이 이야기는 「사랑에 빚진 자」라는 책에 실린 한국유리 회장 최

태섭 장로의 실화입니다. 누가 보든, 보지 않든 정직하게 산 결과 하나님께서 더 좋은 것으로 갚아 주셨던 것입니다.

정직은 때로는 바보스럽고 더디 가는 것 같아 보이지만 실은 성공의 지름길입니다. 도산 안창호 선생은 "농담으로라도 거짓말을 말아라. 꿈에서라도 성실을 잃었거든 통회하라."고 가르쳤습니다. 결국 정직이 승리하기 때문입니다. 정직한 사람만이 거짓이 판치는 세상에서 하나님과 동행하며 승리할 수 있습니다.

셋째, 사랑을 실천하며 살기로 결단해야 합니다.

인간이 가장 행복하고 보람을 느끼는 것은 사랑을 실천할 때입니다. 왜냐하면 사랑이 실천되는 곳에 하나님이 계시기 때문입니다. 하나님은 단지 교회만 왔다 갔다 하는 종교인을 원하시지 않습니다. 오히려 사랑을 실천하는 자를 원하십니다. 그러므로 주님은 "나는 인애를 원하고 제사를 원하지 아니하며 번제보다 하나님을 아는 것을 원하노라"(호세아 6장 6절)고 말씀하신 것입니다.

예수님께서 말씀하신 '강도 만난 사람의 비유'는 우리에게 이 진리를 분명하게 가르쳐 줍니다(누가복음 10장 30-37절).

한 사람이 예루살렘을 떠나 여리고로 내려가다가 강도를 만나서 있는 것을 다 빼앗기고 심하게 맞아서 피투성이가 되어 길가에 버려졌습니다. 그 길을 마침 유대 종교인 두 사람이 지나갔습니다. 한 사람은 율법을 집행하는 제사장이었고, 다른 한 사람은 제사 의식을 집행하는 레위인이었습니다. 제사장은 강도 만난 사람을 율법의 눈으로 비평하고 판단하고 지나갔습니다. 레위인도 '내가 그와 무슨 상관이 있느냐?'는 식으로 무관심했습니다. 오늘날 사랑이 없는 그리스도인도 한가지입니다. 율법주의자는 상대를 판단하고 비판만 할 뿐 도와주려고 하지 않습니다. 또 의식주의자는 '나만 교회에 잘 출석하고 잘 믿으면 되었지 가난

174 · 도약하는 삶

하고 헐벗고 굶주리고 고통당하는 사람들에게 관심을 가질 필요가 뭐 있느냐?'는 식입니다. 이러한 사람들은 단지 종교를 가진 사람이지 참된 신앙을 가진 사람은 아닙니다. 정작 강도 만난 사람을 돌아보고 다가와 치료해 준 사람은 유대인들이 그토록 하찮게 여기던 사마리아인이었습니다. 예수님께서는 이 비유를 말씀하신 후 유대 종교 지도자들에게 "누가 참된 이웃이냐?"고 물으셨습니다. 이에 유대 종교 지도자들이 "선을 베푼 사람입니다."라고 대답하자, 예수님께서는 "너도 그렇게 해라. 율법주의자가 되지 말고 의식주의자가 되지 말고 사랑을 실천하는 사람이 되라."고 말씀하셨습니다. 하나님께서 원하신 사람은 율법을 더 많이 지키거나 종교 의식을 행하는 사람이 아니라 사랑을 실천하는 사람이었습니다. 참된 사랑은 말이 아니라, 병들고 고통받는 사람의 상처를 닦아 주고 치료해 주는 실천입니다. 옛 속담에 "한 말의 쓸개보다 한 방울의 꿀이 더 많은 파리를 잡는다."라는 말이 있습니다. 아무리 거창한 율법 행위와 의식을 집행한다 해도 작은 사랑의 실천과는 비교할 수 없는 것입니다.

　인간은 모두 다 불완전합니다. 그러나 끊임없이 완전을 향해서 노력해 가는 것이 동물과 다른 점입니다. 그렇기 때문에 우리는 이전보다 더 정의롭고 정직하게 살겠다는 마음의 각오를 새롭게 하고 사랑을 실천하는 데 노력을 기울여야 합니다. 여러분이 정의를 위해서 노력하고 정직하기로 결단을 내리며 나 자신을 희생하고 사랑을 실천하며 살 때, 여러분의 삶을 통해서 여러분의 가정과 사회와 국가와 온 세계에 하늘나라가 충만히 임하게 될 것입니다.

기쁨을 가져오는 삶의 자세

"무명한 자 같으나 유명한 자요 죽은 자 같으나 보라 우리가 살아 있고 징계를 받는 자 같으나 죽임을 당하지 아니하고 근심하는 자 같으나 항상 기뻐하고 가난한 자 같으나 많은 사람을 부요하게 하고 아무것도 없는 자 같으나 모든 것을 가진 자로다"(고린도후서 6장 9-10절)

마음속의 기쁨은 삶에 활력을 가져다줍니다. 마음에 기쁨이 충만하면 삶의 의욕과 용기가 솟아나 세상을 힘차게 살아갈 수 있습니다. 그러나 마음에서 기쁨이 사라지면 삶의 의욕이 없어지고 조그만 일에도 쉽게 좌절하고 낙심하게 됩니다. 사람들은 이런저런 일들을 통해 기쁨을 느끼지만, 세상이 주는 환희는 순간적인 감정의 흔적만 남기고 사라져 버립니다. 영국의 대문호 셰익스피어(William Shakespeare)는 "순간적인 기쁨은 오히려 여러 달의 고통을 동반한다."라고 말했습니다. 이 말처럼 사람들은 일시적인 기쁨을 얻더라도 그 기쁨이 곧 사라지므로 참된 만족감을 얻지 못하고 허무해합니다.

인간은 처음부터 이렇게 살도록 운명 지어진 존재일까요? 그렇지 않습니다. 본래 인간은 참된 기쁨과 만족함이 있는 에덴동산에서 하나님과 교제하며 영원한 삶을 사는 존재였습니다. 그러나 첫 사람 아담과 하와의 범죄로 에덴동산에서 쫓겨난 이후 온 인류는 예외 없이 죄 가운데 태어나서 죄를 지으며 살다가 죽어 멸망할 죄인의 운명이 되고 말았습니다.

    죄인 된 인간은 공통적으로 세 가지 절망을 안고 살아갑니다. 첫째는 죄책과 정죄의식이요, 둘째는 인생의 허무와 무의미이며, 셋째는 죽음과 무(無)입니다. 살면 살수록 죄책과 정죄의식이 먼지와 티끌처럼 계속해서 마음속에 쌓이고 또 쌓입니다. 또한 어디에서 와서 무엇 때문에 살며 어디로 가는지 알지 못하는 인생의 허무와 무의미로 인해 인간의 마음은 큰 구멍이 뚫렸습니다. 뿐만 아니라 '죽음과 무(無)'라는 절망의 강은 아무리 과학이 발달하고 지식이 쌓일지라도 결코 건널 수 없는 강이 되고 말았습니다. 이렇게 하나님 앞에서 쫓겨난 인간은 비극의 주인공으로 전락해 버렸고, 끊임없는 고통과 절망의 실존 속에서 몸부림치게 된 것입니다.

인간이 이러한 절망과 고통에서 벗어나 기쁨이 넘치는 삶을 살 수 있는 길은 이 세상에는 없습니다. 오직 예수 그리스도 안에만 있습니다. 하나님께서 기쁨의 원천(源泉)이시기 때문입니다. 그러므로 예수 그리스도 안에서 하나님을 섬기며 사는 우리 그리스도인들은 이미 행복한 삶을 보장받은 귀한 존재들이며, 하나님께서 주시는 참된 기쁨의 소유자들입니다. 그러나 그 기쁨과 행복을 누리기 위해서 우리가 가져야 할 삶의 자세가 있습니다.

첫째, 받는 것보다 주는 것에 중점을 두는 삶의 자세입니다.

성부 하나님께서는 인간을 사랑하사 예수님을 이 땅에 보내 주셨으며, 성자 예수님께서는 인간을 위해 자신의 생명을 아끼지 않고 주셨고, 보혜사 성령님께서는 친히 택하신 백성과 함께하시며 모든 문제를 해

결해 주시고 삶을 인도해 주고 계십니다. 이처럼 하나님의 본성은 주는 것에 있습니다.

하나님께서는 우리를 사랑하시고 은혜를 베푸실 뿐 아니라, 그 사랑과 은혜를 우리가 이웃들에게 나누어 주기를 원하십니다. 성경은 "오직 선을 행함과 서로 나누어 주기를 잊지 말라 하나님은 이 같은 제사를 기뻐하시느니라"(히브리서 13장 16절)고 말씀합니다. 우리가 하나님의 본성을 따라 베풀고 나누어 주는 삶을 살 때 하나님께서 기뻐하시는 것입니다. 그러면 우리는 무엇을 어떻게 주어야 할까요?

우리는 먼저 믿음의 씨앗인 예수 그리스도의 복음을 나누어 주어야 합니다. 우리가 이웃에게 줄 수 있는 가장 값진 선물은 예수 그리스도를 믿어 구원받고 영생에 이르게 하는 복음입니다. 이 복음을 가지고 우리는 때를 얻든지 못 얻든지 전도하기에 힘써야 합니다.

또한 우리는 소망을 심어 주어야 합니다. 소망은 자동차의 가솔린과 같이 삶에 활력을 줍니다. 그러므로 우리는 말과 행동과 생활을 통하여 다른 사람들에게 소망을 심어 주고, 사람들에게 좌절감과 열등의식을 갖게 하는 잘못된 태도는 단호히 버려야 합니다.

다음으로 우리는 사랑을 나누어 주어야 합니다. 우리는 그리스도의 사랑으로 우리 주위의 모든 사람들을 사랑해야 합니다. 사랑이라고 해서 꼭 야단스럽게 무엇을 해 주어야 하는 것이 아닙니다. 진심으로 따뜻하게 손 한 번 잡아 주고 등을 두드려 주고 어깨를 감싸 주며 격려하는 것도 사랑입니다. 이런 사랑이 점점 자라날 때 진정 사람을 살리는 사랑의 힘이 솟아나게 되는 것입니다.

예수님께서는 "주라 그리하면 너희에게 줄 것이니 곧 후히 되어 누르고 흔들어 넘치도록 하여 너희에게 안겨 주리라"(누가복음 6장 38절)고 말씀하셨으며, 성경은 "주는 것이 받는 것보다 복이 있다"(사도행전 20장 35절)고 말씀하고 있습니다. 우리는 받으려고만 하지 말고 우리의 이웃에게 믿음과 소망과 사랑을 주는 삶을 살아야 합니다. 그리할 때 우리의 삶 속에 하나님이 주시는 기쁨이 강물같이 넘쳐 나는 것입니다.

둘째, 섬기는 삶의 자세입니다.

인간은 창조주 하나님의 뜻을 순종하며 하나님을 섬겨야 합니다. 그런데 아담과 하와는 하나님께서 금하신 선악과를 따 먹음으로써 하나님의 주권에 대항했습니다. 그 결과 아담의 후손인 온 인류는 죄와 가난과 저주, 질병과 죽음의 고통 가운데 수고하며 사는 절망적인 존재가 되고 말았습니다. 죄 가운데 사는 온 인류는 하나님을 섬기지 않고 다른 사람들을 짓밟으며 섬김을 받으려고만 하며 계속 교만의 죄를 높이 쌓고 있습니다.

교만은 하나님께서 가장 미워하시는 죄입니다. 우리는 교만한 마음을 버리고 겸허한 자세로 먼저 하나님을 섬기고 나아가 이웃을 섬겨야 합니다. 섬기는 일은 하나님께만 하는 것이 아니라 사람들 사이에서도 꼭 필요한 것입니다. 예수님께서는 "인자가 온 것은 섬김을 받으려 함이 아니라 도리어 섬기려 하고 자기 목숨을 많은 사람의 대속물로 주려 함이니라"(마가복음 10장 45절)고 말씀하셨으며, 마지막 성만찬의 자리에서 수건을 허리에 동이시고 친히 제자들의 발을 씻어 주심으로 남을 섬기는 본을 보여 주셨습니다. 이러한 예수님을 본받아 우리는 남에게 섬김을 받으려고만 하지 말고 먼저 섬기며 살아야 합니다.

성경은 "무엇이든지 남에게 대접을 받고자 하는 대로 너희도 남을 대접하라 이것이 율법이요 선지자니라"(마태복음 7장 12절)고 말씀합니다. 우리가 이 말씀을 마음에 새기고 실천에 옮겨 겸손히 남을 먼저 섬길 때 이웃과의 관계가 화목해지고 감사가 넘쳐 나게 되며 우리의 삶 가운데 기쁨이 충만하게 될 것입니다.

셋째, 남을 성공시켜 주는 삶의 자세입니다.

우리는 남이 잘되도록 도와주는 사람이 되어야 합니다. 남을 성공시키면 종국적으로 자신이 성공하게

됩니다. 반면에 남을 짓밟고 일어나 성공을 차지한 사람은 얼마 있지 아니하여 파멸하고 맙니다. 남을 성공시키면 자신도 성공하게 되고 남을 파멸시키면 자신도 파멸하게 되는 것이 우주의 법칙이기 때문입니다. 그러므로 남을 짓밟고 올라서 성공해 보자는 잘못된 삶의 자세를 벗어 던지고, 나만 잘되기 위해서 살 것이 아니라 남도 성공하도록 도와주어야 합니다.

또한 우리는 남이 잘될 때 함께 기뻐하고 즐거워하는 사람이 되어야 합니다. 우리 속담에 "사촌이 땅을 사면 배가 아프다."라는 말이 있습니다. 이 속담처럼, 남이 잘되면 이를 시기하고 질투하여 허물어뜨리려는 못된 심성을 가진 사람들이 있습니다. 이와 같이 남이 잘되는 것을 배 아파 하고 질투하면 자기 자신을 파괴시키는 결과를 초래하게 됩니다. 시기와 질투는 파괴의 깊은 골을 만들고, 종국에는 그 속에 자신이 파묻히게 되고 마는 것입니다.

남이 잘되고 성공했을 때 함께 기뻐하며 축하해 주는 사람은 그 자신도 역시 잘되고 성공하게 됩니다. 남이 잘된 것을 내 일처럼 진심으로 기뻐할 때 우리는 다른 사람의 기쁨을 나누어 가짐으로 우리 자신도 기쁘게 살 수 있습니다.

넷째, 긍정적인 삶의 자세입니다.

우리의 삶에는 밝은 면과 어두운 면이 있습니다. 태양이 찬란하게 비추어도 태양을 외면하고 그늘만 찾아가는 사람에게는 언제나 음습하고 어두운 그늘만 있을 뿐 찬란한 햇빛을 볼 수 없습니다. 그러나 태양을 찾아가는 사람은 언제나 태양의 찬란한 빛과 따스함을 받아 누릴 수 있습니다.

인생에 있어서도 이러한 이치는 똑같습니다. 사람은 마치 자석과 같습니다. 남을 미워하고 원망하며 '나는 못한다, 안 된다, 할 수 없다'라는 부정적인 자세로 살면, 이것이 부정적인 것들을 끌어당겨서 온통 우울하고 부정적이고 파괴적인 환경을 만들어 운명을 실패로 이끕니다. 이와 반대로 남을 사랑하고 이해하고 용서하며 '할 수 있다, 하면 된다, 해 보자'라는 긍정적인 자세로 살면, 주위에 긍정적인 사람들이 모여들고 맑고 밝고 환한 환경을 이루어 운명을 성공으로 이끌며 기쁨과 행복이 넘쳐 나게 됩니다. 성경은 "모든 지킬 만한 것 중에 더욱 네 마음을 지키라 생명의 근원이 이에서 남이니라"(잠언 4장 23절)고 말씀합니다.

이와 같이 우리의 마음 자세와 태도가 우리의 환경을 결정합니다. 절망적이고 부정적인 어두운 면만 바라보며 사는 사람에게는 언제나 슬픔과 고통이 따르지만, 희망적이고 긍정적인 밝은 면을 바라보며 사는 사람에게는 행복과 기쁨이 떠나지 않습니다. 그러므로 우리는 자기 자신에 대해서는 물론 생활 전반에 걸쳐 부정적이고 어두운 면만을 바라보지 말고 긍정적이고 밝은 면을 바라보며 살아야 합니다.

물론 이렇게 밝은 면을 추구하는 생활은 거저 되는 것이 아닙니다. 마음에 굳게 결심하고 끊임없이 노력해야 가능합니다. 우리가 모든 일에 있어서 항상 밝은 면을 추구하며 살기로 결심하고 노력하며 생활할 때 우리의 입에서 감사와 찬송이 끊이지 않고 우리 마음에 행복이 넘치게 되며, 우리의 삶의 향기가 이웃에게 자연스럽게 퍼져 나가 우리의 가정과 사회가 맑고 밝고 환하게 변화될 수 있는 것입니다.

사랑하는 여러분, 참된 기쁨을 누리며 행복한 인생을 살기를 원하십니까? 그렇다면 받는 것만 좋아하지 말고 베풀고 나누어 주기를 즐겨 하십시오. 남에게 섬김을 받기보다 남을 먼저 섬기십시오. 나아가 남을 성공하도록 도와주고, 항상 삶의 밝은 면을 바라보는 긍정적인 마음 자세를 가지십시오. 이러한 자세로 살아갈 때 여러분은 기쁨과 감사로 충만한 행복한 인생을 살게 될 것입니다.

하나님께서 주신 가장 귀한 선물

"지혜로 하늘을 지으신 이에게 감사하라 그 인자하심이 영원함이로다 땅을 물 위에 펴신 이에게 감사하라 그 인자하심이 영원함이로다 큰 빛들을 지으신 이에게 감사하라 그 인자하심이 영원함이로다 해로 낮을 주관하게 하신 이에게 감사하라 그 인자하심이 영원함이로다 달과 별들로 밤을 주관하게 하신 이에게 감사하라 그 인자하심이 영원함이로다"(시편 136편 5-9절)

가을은 일년 중 가장 청명한 날씨와 함께 수확의 기쁨을 맛보는 풍요의 계절입니다. 그런데 우리는 수확이 주는 풍요로움과 기쁨을 누리기에 앞서 나와 가족, 교회, 나아가 우리 민족과 나라에 베풀어 주신 하나님의 사랑과 은혜를 생각하고 그 은혜에 대해 감사해야 합니다. 왜냐하면 우리가 누리는 모든 풍요와 기쁨의 원천은 창조주 하나님이시기 때문입니다. 그렇다면 우리는 하나님께 어떠한 감사의 자세를 가져야 할까요?

첫째, 우리 일상에서 가장 평범한 것들을 통해서 감사해야 합니다.

헬렌 켈러(Helen Adams Keller)는 태어난 지 19개월 만에 열병으로 눈과 귀와 입의 기능을 잃었습니다. 그러나 그녀는 3중 장애의 몸으로 대학 교육을 마친 세계 최초의 인물이 되었고, 미국 전역과 해외 각지로 강연 여행을 하며 장애인들의 교육과 원호를 위한 기금을 모아 사회 복지 활동에 크게 공헌을 한 인물이 되었습니다. 그녀가 쓴 '3일 동안만 볼 수 있다면'이라는 글은 우리가 누리는 평범한 매일의 삶 속에서 감사할 것이 얼마나 많은지를 일깨워 줍니다.

이 글에서 헬렌 켈러는 자신의 유일한 소망이 하나 있다면 그것은 죽기 전에 3일 동안만 보는 것이라고 밝히며 다음과 같이 말하였습니다.

"첫째 날에는 친절과 우정으로 내 삶을 가치 있게 만들어 준 사람들을 보고 싶다. 손으로 만져 보는 것이 아니라 친구들의 내면적인 성품까지도 깊숙이 보고 싶다. 사랑하는 친구들을 모두 보고 싶다. 오후가 되면 오랫동안 숲 속을 산책하면서 자연의 아름다움에 흠뻑 젖어 보고 싶다. 그리고 감사의 기도를 하고 싶다.

둘째 날은 새벽에 일찍 일어나서 밤이 낮으로 바뀌는 가슴 떨리는 기적을 보고 싶다. 그리고는 박물관으로 가서 손끝으로만 만지던 조각품들을 보면서 과거와 현재를 살펴보고 싶다. 예술을 통하여 사람의 영혼을 탐색해 보고 싶다. 그날 저녁에는 영화나 연극을 보며 시간을 보내고자 한다. 내 손의 감각으로는 도저히 알아차리지 못한 우아함과 아름다움을 보고 싶다.

셋째 날에는 많은 사람들이 오가는 평범한 길거리에서 시간을 보내고 싶다. 오가는 사람들의 모습을 보면서 그들의 일상생활을 이해하고 싶다. 도시의 여기저기에서 행복과 불행을 동시에 눈여겨보며 그들이 어떻게 일하며 어떻게 살아가는지 보고 싶다. 저녁이 되면 또다시 연극회관으로 가서 인간의 정신에서 우러나오는 희극의 함축된 의미를 감상하고 싶다. 그리고 집으로 돌아와 사흘간 눈을 뜨게 해 주신 하나님께 감사의 기도를 드리고 싶다."

지금 우리는 헬렌 켈러가 소원했던 모든 것들을 일상에서 누리고 있습니다. 그러므로 감사할 것이 없다는 것은 변명에 불과합니다. 매일의 삶 속에 우리가 누리고 체험하는 것들을 무심히 넘기면 안 됩니다. 우리에게 이 모든 것들을 주신 하나님께 감사해야 합니다. 어떤 특별한 일이 생기면 감사하겠다고 말하지 마십시오. 평범해 보이는 환경이지만 이 가운데 하나님이 주신 모든 것을 인해 항상 감사해야 합니다.

둘째, 불평을 그치고 감사할 일을 적극적으로 찾아야 합니다.

우리는 자칫 하나님의 은혜라는 커다란 백지는 보지 못하고 백지에 찍힌 아주 작은 문제라는 검은 점 하나에 온통 정신을 빼앗길 때가 많습니다. 이처럼 문제라는 인생의 작은 점 하나에 마음을 빼앗기지 않고 승리하는 삶을 살기 위해서는 감사할 일을 적극적으로 찾아야 합니다. 사도 바울은 *"범사에 감사하라 이것이 그리스도 예수 안에서 너희를 향하신 하나님의 뜻이니라"*

(데살로니가전서 5장 18절)고 말했습니다. 범사에 감사하는 것은 하나님의 명령입니다. 그러므로 우리는 범사에 감사할 일들을 적극적으로 찾아야 합니다. 우리는 범사에 감사함을 통해 문제로부터 자유로워지고 하나님의 은혜를 누릴 수 있습니다.

감사는 하나님께서 우리에게 주신 명령인 동시에 능력입니다. 감사는 세상을 이길 수 있는 능력의 원천이 됩니다. 인간이 사용하는 언어 중에 감사보다 긍정적이고 생산적인 언어는 없습니다. 반면에 원망과 불평은 사람을 소극적이고 부정적으로 만들어 종국에는 파멸의 길로 치닫게 합니다. 이러므로 감사는 하나님이 인간에게 주신 가장 귀한 언어이며 창조적인 능력이 된다는 것을 잊지 말고 감사할 일을 적극적으로 찾아야 합니다.

셋째, 감사를 행동으로 표현해야 합니다.

감사하는 마음은 반드시 행동으로 표현되어야 합니다. 왜냐하면 표현된 감사만이 하나님께 영광이 되기 때문입니다. "감사로 제사를 드리는 자가 나를 영화롭게 하나니 그의 행위를 옳게 하는 자에게 내가 하나님의 구원을 보이리라"(시편 50편 23절).

1860년 미국의 미시간 호수에 배 한 척이 침몰한 일이 있었습니다. 385명을 태운 여객선이 암초에 부딪쳐 침몰해서 287명이 익사한 큰 사고였습니다. 당시 신학교 학생이었던 에드워드 스펜서(Edward Spencer)는 한밤중에 친구의 고함 소리를 듣고 눈을 떴습니다. 스펜서는 이것저것 생각할 것도 없이 자리를 박차고 일어나 신학교 인근에 있는 미시간 호수로 달려갔습니다. 고등학생 시절 수영 선수였던 그는 호수로 뛰어 들어가 강한 바람과 높은 물결을 뚫고 조난자들을 한 사람씩 구조하기 시작했습니다. 그는 열일곱 명을 쉬지 않고 육지로 끌어낸 후 너무 지친 나머지 그만 그 자리에 쓰러지고 말았습니다. 결국 그는 이날 무리한 것이 화근이 되어 병상에 눕게 되었고, 7년 후 32

세의 나이로 세상을 떠났습니다. 세상을 떠나기 며칠 전 한 신문 기자의 방문을 받고 그날의 소감을 질문 받았을 때 그는 힘없이 이렇게 말했습니다.

"그날 밤 내가 구해 준 사람은 열일곱 명인데 나에게 감사를 표시한 사람은 한 소녀뿐이었습니다. 그 소녀는 7년이 지난 지금까지도 크리스마스가 되면 저에게 감사의 카드를 보내 주고 있습니다. 나는 감사할 줄 모르는 열여섯 명보다 이 한 소녀의 아름다운 마음씨에 위로를 받았습니다."

"은혜는 물에 새기고 원한은 돌에 새긴다."라는 말이 있습니다. 원한은 오래도록 기억하고 되새기지만 은혜를 받은 것은 쉽게 잊어버린다는 말입니다.

누가복음 17장 11절부터 16절을 보면 예수님께 고침을 받은 나병 환자들의 이야기가 나옵니다. 그런데 고침을 받은 열 명의 나병 환자 중에서 오직 한 사람, 사마리아 사람만이 예수님께 나아와 감사를 표현했습니다. 그는 그렇게 함으로써 하나님께 영광을 돌렸습니다.

감사를 마음속에만 담아 두는 것으로는 부족합니다. 그것을 어떤 모양으로든지 밖으로 표현함으로써 은혜를 베풀어 주신 하나님을 영화롭게 해야 합니다. 표현된 감사만이 하나님께 영광이 되고 우리의 삶을 윤택하게 합니다.

넷째, 절대적인 감사가 넘쳐야 합니다.

우리는 주어진 상황이나 조건 때문이 아니라 이 세상에 살아 있다는 것 그리고 예수 그리스도를 통해 죄와 사망에서 구원받았다는 것만으로도 하나님께 감사해야 할 충분한 이유가 있습니다. 이에 대해 하박국 선지자는 "비록 무화과나무가 무성하지 못하며 포도나무에 열매가 없으며 감람나무에 소출이 없으며 밭에 먹을 것이 없으며 우리에 양이 없으며 외양간에 소가 없을지라도 나는 여호와로 말미암아 즐거워하며 나의 구원의 하나님으로 말미암아 기뻐하리로다"(하박국 3장 17-18절)라고 고백했습니다. 이 말씀에서 보듯이 진정한 감사는 상황과 조건에 좌우되지 않는 절대적인 감사입니다.

하나님께서는 감사하는 자에게는 더 좋은 것을 주십니다. 영국의 위대한 설교자였던 스펄전(Charles Haddon Spurgeon)은 "하나님께서는 촛불에 감사하는 자에게는 등불을 주시고, 등불에 감사하는 자에게는 달빛을 주시고, 달빛에 감사하는 자에게는 태양 빛을 주시고, 태양 빛에 감사하는 자에게는 천국의 광명을 주신다."라고 말했습니다. 그러므로 우리는 우리 입술에서 불평과 불만, 실패와 좌절의 말을 제해 버리고 흥하든지 망하든지, 성하든지 쇠하든지 전적으로 하나님께 맡기고 범사에 감사해야 합니다. 그리할 때 하나님께서는 우리를 위해 예비하신 하늘의 신령한 복과 땅의 기름진 복을 우리의 생활 가운데 허락해 주실 것입니다.

당신의 사명은 무엇입니까?

"너희 안에서 행하시는 이는 하나님이시니 자기의 기쁘신 뜻을 위하여 너희에게 소원을 두고 행하게 하시나니"(빌립보서 2장 13절)

12월은 결산의 달입니다. 매년 연말이 되면 지나온 한 해를 마무리하며 그동안 이룬 성과를 대조해 봅니다. 연초에 세운 목표를 얼마나 달성했는지, 목적한 바에 얼마나 도달했는지 확인해 보고 그해를 평가합니다.

우리의 인생도 마찬가지입니다. 자기 인생을 결산할 때가 있습니다. 그때 우리는 자신이 일평생 걸어온 길을 되돌아보며 자기 인생에 대한 평가를 하게 됩니다. 자신이 이룬 것을 짚어 보며 성공한 인생인지, 아니면 실패한 인생인지 평가하게 되는 것입니다.

미국 기독교계의 지도자인 존 맥스웰(John C. Maxwell)은 성공하는 사람과 실패하는 사람의 차이점을 간단히 구분했습니다. 그에 의하면, 성공하는 사람들은 삶의 목적과 비전이 명확하고, 실패하는 사람들은 현재, 지금만 보는 사람들이라고 합니다.

 이와 같이 삶의 목적은 인생의 성패를 좌우하는 중요한 요소입니다. 삶의 목적이 명확하지 않으면 분명한 목표도 세울 수 없으므로 의미 없이 허송세월하며 아무것도 이루지 못합니다. 목적 없이 물결치는 대로 떠다니는 나무토막처럼 부유하는 삶은 종국적으로 비극적인 결말에 이르게 되고 맙니다. 삶의 목적이 명확해야 분명한 목표를 세우고 전력하여 목적을 달성할 수 있는 것입니다. 그런데 이를 위해서는 먼저 삶의 목적을 알아야 합니다.

 삶의 목적을 알려면 자신이 누구인지 알아야 합니다. 자신이 누구인지 모르는 정체불명의 사람은 뿌리 없는 나무처럼 삶의 목적과 의미를 찾지 못하고 불안한 인생을 살 수밖에 없습니다. 자신이 누구인지 확실하게 알아야 분명한 정체성을 갖게 되며, 자신의 삶의 목적과 의미를 찾아 목표를 세우고 가치 있는 인생을 살 수 있습니다. 그러므로 우리가 인생의 성공자가 되기 위해서는 다음의 세 가지 사실을 반드시 알아야 합니다.

첫째, 하나님이 우리 삶의 근원임을 알아야 합니다.

우리는 우연히 이 세상에 태어나서 우연히 살다가 우연히 죽는 존재가 아닙니다. 성경은 "너희는 하나님으로부터 나서 그리스도 예수 안에 있고 예수는 하나님으로부터 나와서 우리에게 지혜와 의로움과 거룩함과 구원함이 되셨으니"(고린도전서 1장 30절)라고 말씀하고 있습니다. 하나님께서 우리를 지으셔서 예수님 안에 들어가게 해 주셨고, 예수님께서는 우리를 지혜로운 사람, 의로운 사람, 거룩한 사람, 구원받은 사람이 되게 해 주셨다는 것입니다. 이 말씀이 보여 주듯이 우리 삶의 근원은 하나님입니다.

우리가 '하나님이 우리 삶의 근원'이라는 사실을 알게 되면 우리 인생의 목적과 방향과 가치도 깨달을 수 있습니다. 뿐만 아니라 삶의 뿌리가 튼튼해져서 흔들리지 않게 되며, 하나님에 대한 확고한 믿음을 갖게 됩니다.

하나님에 대한 확고한 믿음은 인생을 성공으로 이끄는 힘이 있습니다. 하나님을 확고하게 믿는 사람은 어떠한 상황 가운데서도 환경과 조건을 바라보지 않고 그 배후에 계신 전능하신 하나님을 바라봅니다. 그리고 하나님께서 설계하신 대로 순종하여 살므로 하나님의 도우심을 받아 성공하게 됩니다. 오늘날 교회에 출석하는 사람들 중에 목표를 세우고 열심을 다하는데도 성공하지 못하는 사람들이 있는데, 그 이유는 그들에게 하나님에 대한 확고한 믿음에 없다는 데 있습니다. 믿음이 없기 때문에 하나님께서 설계하신 것을 저버리고 환경과 조건에 따라 요동하며 제멋대로 살므로 하나님과 부딪치고 고통과 괴로움을 받으며 낭패와 실망을 당하는 것입니다.

믿음은 위기에 처했을 때 드러납니다. 평안할 때는 하나님께서 나와 함께 계신지 아닌지 별로 관심이 없습니다. 하지만 위기 상황에서는 내 뿌리가 하나님께 있고 하나님께서 나와 함께 계신다는 믿음이 있어야 평안할 수 있습니다. 사람은 누구나 죽음이라는 극한 위기에 처하게 됩니다. 이때 사람들은 불안과 공포와 절망이 절정에 달하여 죽지 않으려고 몸부림칩니다. 그러나 하나님을 믿는 사람은 '하나님이 내 아버지요, 나는 아버지께로부터 왔다가 아버지께로 돌아간다!'는 믿음이 있으므로 죽음 앞에서도 평안할 수 있습니다.

둘째, 하나님께서 우리를 왜 세상에 보내셨는지를 알아야 합니다.

내 뿌리, 곧 하나님이 내 아버지라는 것을 알게 되면 하나님께서 나를 세상에 보내신 목적이 있다는 것을 알 수 있습니다. 성경은 "너희가 나를 택한 것이 아니요 내가 너희를 택하여 세웠나니 이는 너희로 가서 열매를 맺게 하고 또 너희 열매가 항상 있게 하여 내 이름으로 아버지께 무엇을 구하든지 다 받게 하려 함이라"(요한복음 15장 16절)고 말씀하고 있습니다. 하나님께서 우리를 세상에 보내신 목적은 우리로 하여금 이 세상에서 열매를 맺어 하나님께 영광을 돌리게 하려는 데 있는 것입니다.

우리가 열매를 맺기 위해서는 예수님과 연합되어야 합니다. 예수님께서는 "나는 포도나무요 너희는 가지라 그가 내 안에, 내가 그 안에 거하면 사람이 열매를 많이 맺나니 나를 떠나서는 너희가 아무것도 할 수 없음이라"(요한복음 15장 5절)고 말씀하셨습니다. 우리가 예수님과 연합되어 있으면 하나님께서 기뻐하시는 열매를 풍성히 맺을 수 있습니다. 의의 열매와 빛의 열매를 맺을 수 있습니다. 전도의 열매와 찬미의 열매를 맺을 수 있습니다. 또한 성령의 열매인 사랑과 희락과 화평과 오래 참음과 자비와 양선과 충성과 온유와 절제의 열매를 맺을 수 있습니다. 우리가 이러한 열매들을 맺을 때 하나님께서 그 열매들로 인하여 영광을 받으시는 것입니다.

자식을 낳아서 기르는 것은 무척 고생스러운 일입니다. 그럼에도 사람들은 사랑하고 행복하고 장래 소망을 얻기 위하여 자식을 낳아서 기르며, 자식이 건강하고 행복하게 살기를 바랍니다. 육신의 부모도 이러한데 하물며 우리의 아버지 되신 하나님은 어떻겠습니까? 하나님은 우리를 사랑하시고 기뻐하십니다. 또한 하나님은 우리가 이 세상에서 하나님을 사랑하고 이웃을 사랑하며 기쁘고 행복하게 살기를 원하시며, 장차 우리에게 하늘나라를 상속으로 주시겠다고 약속하셨습니다.

그러므로 우리는 삶 가운데 열매를 많이 맺어 하나님을 영화롭게 해 드려야 하며, 하늘나라에 소망을 두고 하나님 사랑과 이웃 사랑을 실천하며 기쁘고 행복하게 살아야 합니다.

셋째, 하나님께서 우리에게 달란트와 사명을 주셨다는 것을 알아야 합니다.

하나님께서는 우리를 세상에 보내실 때 두 가지를

주셨습니다. 그중 하나는 달란트입니다. 하나님께서는 모든 사람에게 달란트, 즉 재능을 주셨습니다. 그러므로 이 세상에 재능이 단 한 가지도 없는 사람은 없습니다. 사람마다 한 가지 이상의 재능을 가지고 있습니다. 그런데 하나님께서 주신 재능은 '사용함의 법칙'이 적용됩니다. 즉, 재능은 사용하면 할수록 점점 개발되고 발전하는 반면, 사용하지 않으면 도태되어 버리고 맙니다. 20세기의 대표적인 피아니스트로 명성을 날린 폴란드 출신의 음악가 루빈스타인(Arthur Rubinstein)이 그 좋은 예가 됩니다.

루빈스타인은 어릴 때부터 음악에 뛰어난 재능을 보여 네 살에 공개 연주를 하였고, 열두 살에 베를린에서 데뷔한 이후 활발한 연주 활동을 하여 피아느로 세계를 석권했습니다. 그는 투철한 예술 정신과 뛰어난 연주로 전 세계인을 감동시켰습니다. 연습 벌레로 소문났던 그는 어느 날 기자로부터 "세계 정상에 오르게 된 비결이 무엇입니까?"라는 질문을 받고 이렇게 대답했습니다.

"자기 세계를 다른 사람에게 인정받기 위해서는 피나는 연습이 있어야 합니다. 제가 하루 연습을 안 하면 제 자신이 그것을 알고, 이틀을 안 하면 친구가 알고, 사흘을 안 하면 청중이 압니다."

루빈스타인의 이 말을 통해 우리는 한 가지 사실을 알 수 있습니다. 그것은 아무리 탁월한 재능을 가진 사람이라도 그것을 계속 사용하여 개발하고 발전시켜야 그 분야의 정상에 설 수 있다는 것입니다.

오늘날 많은 사람들이 자기의 재능이 무엇인지 모르고 그저 환경과 세태를 따르기에 급급한 모습을 보입니다. 또한 자기에게는 없는 재능을 가진 사람들을 부러워하고 질시하며 스스로 마음의 감옥에 갇혀서 사는 사람들도 볼 수 있습니다. 이들에게 필요한 것은 자기의 재능을 발견하여 개발하는 것입니다. 벤자민 리텐버그(Benjamin Lichtenburg)는 "자신의 잠재 능력을 개발하지 않고 그냥 편하게만 살아가는 것은 실상은 일종의 자살이다."라고 말했습니다.

또한 하나님께서는 우리에게 사명을 주어 보내셨

습니다. 이 세상에 이름 없는 풀이 없듯이 사명 없는 사람도 없습니다. 그런데 사명을 이루려면 자기의 사명이 무엇인지 알아야 합니다. 사도 바울은 다메섹 도상에서 예수 그리스도를 만나기 전에는 자기의 사명을 몰랐습니다. 그는 예수 그리스도를 만난 후에야 비로소 자기의 사명을 알게 되었고, 그 사명을 따라 죽음을 불사하고 이방 세계에 복음을 전하였습니다. 그렇기 때문에 그는 "내가 달려갈 길과 주 예수께 받은 사명 곧 하나님의 은혜의 복음을 증언하는 일을 마치려 함에는 나의 생명조차 조금도 귀한 것으로 여기지 아니하노라"(사도행전 20장 24절)고 담대히 말할 수 있었습니다. 사도 바울처럼 우리도 자기의 사명을 알면 그 사명에 충성할 수 있습니다.

우리에게는 하나님께서 주신 재능과 사명이 있습니다. 하나님께서 주신 재능과 사명은 사람마다 다를 수 있습니다. 그러므로 우리는 자기의 재능과 사명이 무엇인지 알아야 합니다. 자기의 재능을 발견하여 그것을 적극적으로 사용해서 사명을 이루어 나가야 합니다. 그리할 때 우리의 인생은 참으로 의미 있고 가치 있게 되는 것입니다.

'나는 누구인가? 어디서 와서, 왜 살며, 어디로 가는가?'라는 질문에 대하여 분명한 대답을 하려면 내 삶의 근원이 무엇인가를 알아야 합니다. 하나님이 내 삶의 근원이라는 것과 나는 하나님의 보내심을 받아 세상에 왔다는 것을 알게 되면 자기 정체성이 확고해집니다. 그래서 "나는 하나님의 자녀이며, 하나님을 영화롭게 하기 위해서 살며, 장차 천국으로 갈 것입니다."라고 분명하게 말할 수 있게 됩니다.

하나님께서는 우리가 세상에서 많은 열매를 맺고 우리의 재능을 적극적으로 활용하여 사명을 능력 있게 이루어 가기를 원하십니다. 여러분의 사명은 무엇입니까? 사명을 삶의 목표로 삼으십시오. 필사의 각오로 능력과 정성을 다해 사명에 전력하십시오. 그리할 때 하나님께서 영광을 받으시고 여러분을 인생의 성공자로 만들어 주실 것입니다.

도전과 응전

"내게 능력 주시는 자 안에서 내가 모든 것을 할 수 있느니라"(빌립보서 4장 13절)

영국이 낳은 세계적인 역사학자 아놀드 토인비(Arnold Toynbee)는 그의 저서 「역사의 연구」(A Study of History)에서 "문명의 성장은 계속되는 도전(挑戰)에 대한 성공적인 응전(應戰)으로 이루어지며, 이러한 성공적인 응전은 개인이나 역사 발전의 원동력이 된다."라고 말했습니다.

성공한 사람들의 성공담을 들어 보면 한결같이 어려운 환경에서 불굴의 신념과 의지로 응전하여 수많은 난관을 극복하고 성공에 이른 것을 알 수 있습니다. 성경에도 불가능한 상황에서 믿음으로 대응하여 삶을 승리로 이끈 사람들의 이야기가 많이 담겨 있습니다. 이러한 이야기들은 도전에 담대히 응전하는 사람이 성공할 수 있다는 단순하고 명확한 진리를 보여 주는 좋은 예라 할 것입니다.

사람은 태어나서 죽을 때까지 끊임없이 삶의 여러 면에서 도전을 받고 그 도전에 대해 응전하며 살아갑니다. 인간이 만들어 낸 문명은 이러한 응전의 과정 속에서 이루어진 소중한 유산입니다. 그 대표적인 예가 바로 중국의 황하 문명입니다. 황하 유역은 여름에는 살인적인 더위와 홍수로, 그리고 겨울에는 혹독한 추위로 사람들에게 시련과 절망을 주는 땅이었습니다. 그러나 사람들은 그 절망적인 상황의 무서운 도전 앞에 당당히 대응해 승리했기 때문에 찬란한 문명을 이룩할 수 있었던 것입니다.

이러한 삶의 자세는 오늘날 무한도전의 치열한 생존 경쟁의 시대를 살아가고 있는 우리에게 의미하는 바가 많습니다. 그렇다면 우리가 환경의 무수한 도전 앞에 성공적인 삶을 영위하기 위해서는 어떤 마음의 자세로 응전해야 할까요?

첫째, 꿈을 가지고 응전하십시오.

성공적인 삶을 살아가기 위한 첫 번째 전제 조건은 바로 '꿈'을 갖는 것입니다. 꿈이란 내일의 사건을 바로 지금 내 마음속에 현실처럼 비추어 보는 것을 말합니다. 인류 문명의 발전은 꿈꾸는 사람들에 의해 성취되어 왔다고 해도 과언이 아닙니다.

인생을 살다 보면 삶의 여정 가운데 고난과 역경의 큰 파도가 아무런 예고 없이 엄습해 옵니다. 이 거센 풍랑 속에서 살아남을 수 있는 길은 찬란한 꿈을 가슴에 품고 억척스럽게 희망의 노래를 부르며 풍랑을 향해 응전하며 나가는 길밖에 다른 길이 없습니다. 그런데 이러한 응전 의식을 일으키는 원동력이 바로 '꿈' 입니다.

성경은 "천국은 침노를 당하나니 침노하는 자는 빼앗느니라"(마태복음 11장 12절)고 말씀하고 있습니다. '침노'라는 말과 '빼앗는다'는 말은 전투적인 용어입니다. 결국 이 말은 천국에 들어가기 위해서는 전심전력을 기울여 싸워 이겨야 한다는 것입니다. 전쟁에서 승리하기 위해 모든 인력과 자원을 동원해 싸우는 것처럼,

우리가 하늘나라를 소유하기 위해서는 온 마음을 다해 하늘나라에 대한 꿈을 가지고 환경에 대응해 나아가야 한다는 것입니다. 이러므로 예수님께서는 "구하라 그리하면 너희에게 주실 것이요 찾으라 그리하면 찾아낼 것이요 문을 두드리라 그리하면 너희에게 열릴 것이니"(마태복음 7장 7절)라고 말씀하셨습니다. 꿈을 가지고 구하고 찾고 두드리며 적극적으로 나아가는 자가 길을 찾게 되고 기회를 갖게 되며 결국 성공하게 된다는 것입니다.

저의 목회생활을 뒤돌아보면, 현재 체험하고 있는 모든 것이 한때 제 마음속에 품고 있었던 꿈과 비전이었음을 발견하게 됩니다. 지난 세월 동안 마음에 간직했던 꿈들이 오늘의 운명과 환경을 극복하고 내일의 새로운 삶을 창조하는 원동력이 되었던 것입니다.

이러므로 우리가 어떤 역경과 고난을 지니고 있다고 하더라도 내일에 대한 꿈을 가지고 담대히 응전하면 우리는 마침내 그 역경과 고난을 모두 이겨 내고 승리하게 되는 것입니다.

둘째, 주인 의식을 가지고 응전하십시오.

옛말에 '수처작주'(隨處作主)라는 말이 있습니다. '어느 곳에 가든지 그곳의 주인이 되라'는 뜻으로, 이른바 주인 의식을 가지고 살라는 말입니다.

해마다 8월 15일이 되면 우리는 광복을 기념합니다. 그런데 우리는 이 감격스러운 날을 맞이하기까지 수많은 애국지사가 일제 강점기 동안 빼앗긴 국권을 회복하기 위하여 독립 투쟁을 펼치며 죽어 갔다는 사실을 기억해야 합니다. 개인의 안위는 뒤로 하고 나라를 되찾겠다는 일념으로 목숨을 초개같이 내던진 순국선열들의 희생으로 자유와 독립을 얻게 된 것입니다. 애국지사들이 이룬 독립의 위업은 내가 나라의 주인이며, 민족의 일원이라는 투철한 주인 의식 없이는 불가능한 일이었습니다.

요즈음 정치적으로 어수선한 가운데 많은 국민들이 정치인들에게 실망하고 있음을 보게 됩니다. 하지만 이럴 때일수록 국민들이 주인 의식을 가지고 적극적으로 정치에 참여해야 합니다. 서양 속담에 "No pain, no gain."이라는 말이 있습니다. 고통 없이는 소득도 없다는 것입니다. 나라의 어려움을 극복하기 위한 국민의 적극적인 정치 참여는 국가적으로 정치 문화의 발전을 가져오며, 개인에게도 도움을 줍니다. 뿐만 아니라 정치인들도 국가적인 문제를 자신의 문제로 인식하며 한마음 한뜻으로 대처해 나갈 때 모든 맺힌 문제를 지혜롭게 풀어 나갈 수 있게 됩니다. 이처럼 주인 의식은 개인과 국가를 살리며, 결국 많은 사람들에게 유익을 가져옵니다.

네덜란드에서 태어나 초등학교밖에 졸업하지 못한 한 소년이 있었습니다. 그는 너무 가난해서 생존을 위해 기회의 땅 미국으로 떠났습니다. 이 소년은 뉴욕으로 가서 신문팔이를 했습니다. 비록 길거리에서 신문을 팔았지만 소년은 자기가 그 거리의 주인이라고 생각하고 주위에 있는 쓰레기를 깨끗이 치웠습니다. 사람들은 소년이 신문만 파는 것이 아니라 주변을 아주 깨끗하게 청소하는 것에 감동해서 '기왕 신문을 살 바에야 이 소년에게 사자.'라고 생각하고 그의 신문을 구매하기 시작했습니다. 그래서 소년은 신문을 많이 팔아서 돈을 모을 수 있게 되었습니다. 그 뒤 그는 신문 판매를 그만두고 출판사에 취직했습니다. 그는 출판사에 입사해서도 여전히 주인 의식을 가지고 모든 일을 돌보고 노력한 결과, 나중에 출판사 사장으로 승진하게 되었으며, 마침내 미국 저널리즘의 왕이 되었습니다. 이 사람이 바로 유명한 저널리스트 에드워드 보크(Edward Bok)입니다. 그는 무엇이든지 자기 것이라고 생각하고 열심히 일을 했기 때문에 성공한 것입니다.

무관심하고 무책임하게 살면 결코 성공할 수 없습니다. 주인 의식을 가지고 긍정적이고 적극적인 자세로 삶의 어떤 도전에도 담대히 응전하는 사람만이 성공할 수 있는 것입니다.

셋째, 긍정적인 자화상을 가지고 응전하십시오.

어떤 일을 해도 반드시 실패하는 사람들이 있습니다. 그런데 그들을 잘 살펴보면 부정적인 자화상을 가진 사람들이라는 공통점을 발견할 수 있습니다. 그들의 말에는 불평과 불만과 원망이 떠나지 않습니다. 그들은 원망, 불평, 탄식, 고통, 슬픔, 어려움을 당했던 경험 등 온갖 부정적인 생각의 쓰레기를 마음에 담고 다닙니다. 그리고 가끔씩 과거에 좋지 않았던 기억의 쓰레기를 자꾸 뒤져 보면서 원망하고 불평하고 탄식합니다. 그러므로 자신의 마음이 부정적인 모습으로 굳어지고 결국 무슨 일을 해도 부정적인 기억 때문에 실패하고 맙니다. 왜냐하면 마음의 생각이 현실에 그대로 나타나게 되기 때문입니다.

이와 반대로, 마음속에 긍정적인 생각의 보배들을 갖고 다니는 사람은 성공하게 됩니다. 마음속에 하나님께로부터 은혜 받은 것, 축복받은 것, 이웃으로부터 사랑받고 도움 받은 것들을 담고 있으면 긍정적인 자화상을 지니게 되어 성공에 이를 수 있게 됩니다. 긍정적인 자화상을 가진 사람들은 늘 자기를 개선하고 계발하며 배우려고 노력합니다. 그들은 언제나 '할 수 있다! 하면 된다! 해 보자!'라는 적극적인 자세로 희망찬 미래를 바라보며 힘차게 나아가는 것입니다.

성경에 "대저 그 마음의 생각이 어떠하면 그 위인도 그러한즉"(잠언 23장 7절)이라는 말씀이 있습니다. 사람의 됨됨이는 바로 그 사람의 생각에 달려 있다는 것입니다. 부정적인 생각의 소유자는 부정적인 자화상을 형성하여 퇴보적이고 파괴적인 결과를 초래하지만, 긍정적인 생각의 소유자는 긍정적인 자화상을 갖게 되어 매사에 발전적이고 생산적인 결과를 가져오게 됩니다. 이러므로 우리는 모두 긍정적인 자화상을 가지고 어떤 삶의 도전에도 담대히 응전하여 행복한 삶, 성공적인 인생을 살아야겠습니다.

넷째, 하나님을 의지하며 응전하십시오.

우리에게 칠흑같이 절망적인 상황이 도전해 올 때 이를 극복하기 위해서는 용기와 담력이 있어야 합니다. 그런데 이러한 용기와 담력은 어떻게 얻습니까? 바로 하나님께서 우리와 함께하실 때 우리는 용기와 담대함을 얻게 됩니다. 성경은 이와 같이 말씀합니다. "두려워하지 말라 내가 너와 함께함이라 놀라지 말라 나는 네 하나님이 됨이라 내가 너를 굳세게 하리라 참으로 너를 도와주리라 참으로 나의 의로운 오른손으로 너를 붙들리라"(이사야 41장 10절). 우리가 하나님을 의지하면 하나님께서 우리를 도와주시고 붙들어 주시기 때문에, 우리는 용기와 힘을 가지고 어떤 고난도 이겨 내고 결국 승리하게 되는 것입니다.

인간관계 경영 분야의 최고의 컨설턴트인 데일 카네기(Dale Carnegie)는 그의 저서 「카네기 인간관계론」(How to Win Friends and Influence People)에서 "성공한 사람일수록 하지 않는 말 세 가지가 있다."라고 언급하고 있습니다. 그것은 '없다', '잃어버렸다', '한계가 있다'라는 말입니다. 이는 곧 조그마한 가능성이라도 있으면 그것을 가지고 용기 있게 나아가는 자가 결국 성공하게 된다는 것을 지적하고 있는 것입니다.

그런데 하나님을 믿는 신앙인은 '없다'라는 말 대신 "하나님께서 나의 필요를 채워 주실 것이다."라고 말합니다. '잃어버렸다'라는 말 대신에 "하나님께서 회복시킬 것이다."라고 말합니다. 그리고 '내 능력은 이것밖에 안 된다.'라고 한계를 정하기보다 "믿는 자에게 불가능은 없다."라고 말하며 어떤 상황에서도 담대하게 전진해 나아갑니다. 왜냐하면 지혜와 능력이 무한하며 없는 것을 있게 하시는 하나님께서 그와 함께하시기 때문입니다.

사랑하는 여러분, 우리는 모두 사랑받기 위해, 성공하기 위해, 행복하게 살기 위해 태어난 사람들입니다. 그러므로 삶의 무수한 도전 앞에 주저앉지 말고 마

음속에 꿈과 주인 의식을 가지십시오. 그리고 긍정적인 자화상을 가지고 응전하시기 바랍니다. 무엇보다 우리 인간이 행복하게 살아가도록 모든 것을 예비해 놓으시고 우리의 삶에 대해 놀라운 계획을 갖고 계신 하나님의 무한하신 은혜와 축복을 믿고 받아들이며, 하나님과 함께 이 세상의 도전에 담대히 맞서 나아가십시오. 그럴 때 여러분은 참된 사랑과 행복을 누리며 성공적인 삶을 살게 될 것입니다. 여러분이 어떤 상황에 처해 있더라도 결코 낙심하거나 절망하지 말고 '할 수 있다! 하면 된다! 해 보자!'라는 긍정적이고 적극적인 자세로 대응하시기 바랍니다. 하나님께서 여러분과 함께하시며 그 모든 역경에서 여러분을 건져 내시고, 참으로 영혼이 잘됨같이 범사가 잘되고 강건하며 생명을 얻되 풍성히 얻는 삶을 허락해 주시리라 믿습니다.

A Springboard for Future

희망을 향해 나아가라!

"엘리사가 이르되 야훼의 말씀을 들을지어다 야훼께서 이르시되 내일 이맘때에 사마리아 성문에서 고운 밀가루 한 스아를 한 세겔로 매매하고 보리 두 스아를 한 세겔로 매매하리라 하셨느니라 그때에 왕이 그의 손에 의지하는 자 곧 한 장관이 하나님의 사람에게 대답하여 이르되 야훼께서 하늘에 창을 내신들 어찌 이런 일이 있으리요 하더라 엘리사가 이르되 네가 네 눈으로 보리라 그러나 그것을 먹지는 못하리라 하니라"(열왕기하 7장 1-2절)

한국 전쟁을 취재하여 퓰리처 상(The Pulitzer Prizes)을 받은 마거릿 히긴스(Marguerit Higgins)가 종군 기자로 활동하던 한국 전쟁 당시 압록강 변에서 겪었던 이야기입니다.

영하 42도의 추운 날씨에 대나무처럼 빳빳하게 얼어붙은 옷을 입은 미 해병대 용사들이 폭탄을 맞은 군용 트럭 옆에 기대서서 얼굴과 수염은 온통 흙으로 범벅이 된 채 참호용 칼로 통조림 콩을 찍어 먹고 있었습니다.

기자는 군인들의 참담한 모습을 보면서 '세계에서 가장 잘산다는 미국의 젊은이들이 어쩌다 이 전쟁에 불려와 이 모양이 되었는가?'라고 생각하며 안타까운 마음에 병사들의 손을 붙잡고 물었습니다. "내가 만일 당신들이 바라는 것이면 무엇이든지 해 줄 수 있는 하나님이라면 당신들은 나에게 무엇을 원하겠습니까?" 그러자 그들은 한참 생각하다가 이구동성으로 "우리에게 내일을 주십시오!"라고 대답했습니다. 언제 종식될지 알 수 없는 전쟁, 추위와 굶주림, 죽음의 위협을 안고 살아가는 사람들에게 들려줄 수 있는 복음(the good news)이 무엇입니까? 그것은 바로 내일을 주는 것입니다. 희망을 주는 것입니다. 우리에게 내일이 있을 때 어떤 절망적인 상황에서도 희망을 향해 나아갈 수 있습니다.

오늘날 우리는 내일을 밝히 내다볼 수 없는 정치적, 경제적, 사회적 위기 속에서 불안에 떨고 있습니다. 그렇다면 우리는 이 위기의 상황에서 어떻게 해야 희망을 향해 나아가게 될까요?

첫째, 간절하게 하나님을 찾아야 합니다.

우리를 위기에서 건지시고 내일을 주시는 분은 하

나님 한 분밖에 없습니다. 많은 사람들이 어려움과 위기를 만나면 자포자기하거나 원망하고 탄식하거나 사람을 찾아가거나 인간적인 방법을 동원하여 위기에서 벗어나고자 합니다. 그러나 성경은 우리가 위기에 처할수록 삶의 우선순위를 바로 세우라고 말씀합니다. "야훼께서 이스라엘 족속에게 이와 같이 말씀하시기를 너희는 나를 찾으라 그리하면 살리라"(아모스 5장 4절). 우리는 절박한 위기 상황일수록 역사의 주인이실 뿐 아니라 우리의 인생과 생명의 주인이신 하나님을 찾고 그 하나님께 눈물로 나아가야 합니다.

미국의 석유 왕 록펠러(John Davison Rockefeller)는 다음과 같은 말을 했습니다. "나는 재난이 일어날 때마다 그것을 좋은 기회로 만들려고 노력했습니다. 재난의 때에 세상을 향해 가지 말고 하나님을 향해 나아가십시오. 우리가 하나님께 한 걸음 다가가면 하나님께서는 우리를 향해 두 걸음 다가오실 것입니다."

미국의 16대 대통령을 지낸 에이브러햄 링컨(Abraham Lincoln) 역시 위기가 올 때마다 하나님을 찾

았으며, 자신의 생애에서 최선의 방책은 '하나님께 나아가 기도하는 것'이라고 고백하였습니다. 그는 "나는 기도 외에 최선의 방책을 모릅니다. 내가 가진 지혜와 주변 사람들의 재능도 어려움을 극복하기에는 부족하며, 오직 전능하신 그분만이 최선의 방책을 알고 계시므로 나는 그저 주님을 믿고 의지할 뿐입니다."라고 자신이 하나님을 찾는 이유를 밝혔습니다. 그가 인간적인 임시변통의 수단과 방법을 뒤로하고 오직 간절히 하나님만을 찾았을 때, 하나님께서 그와 함께하셨고 그를 통해 부패하고 혼탁한 정치를 바로잡고 노예제도의 폐지를 위한 남북 전쟁을 승리로 이끌게 하셨습니다.

우리를 위기에서 구할 수 있는 분은 하나님 한 분밖에 없습니다. 우상과 사신은 응답하지 못하며, 주변의 강대국들도 진정한 도움을 주지 못합니다. 하나님은 우주와 천지만물을 지으신 창조주요, 역사의 주관자일 뿐 아니라, 우리를 이 세상에 존재하게 하신 우리의 아버지가 되십니다. 하나님께서는 우리를 사랑하셔서 죄와 죽음과 절망에서 구원하시기 위해 독생자 예수 그리스도를 이 땅에 보내 주셨습니다(요한복음 3장 16절). 예수 그리스도께서 인류의 모든 죄를 대신 짊어지시고 십자가에 못 박혀 피 흘려 죽으심으로 우리를 죄와 죽음과 영원한 파멸에서 구원해 주셨습니다. 성경은 이 하나님의 사랑에 대하여 다음과 같이 말씀합니다. "우리가 아직 죄인 되었을 때에 그리스도께서 우리를 위하여 죽으심으로 하나님께서 우리에 대한 자기의 사랑을 확증하셨느니라"(로마서 5장 8절).

우리는 독생자 예수 그리스도를 십자가에 내어 주시기까지 우리를 사랑하신 그 사랑을 확신하고 하나님께 나아가야 합니다. 그리스도의 보혈을 의지해서 야훼 하나님을 찾고 찾으면 만나게 될 것이며(잠언 8장 17절), 전지전능하시고 무소부재하신 하나님께서는 그 큰 능력으로 우리를 위기에서 반드시 건져 주실 것입니다.

둘째, 맡은 일에 충성해야 합니다.

성경은 "맡은 자들에게 구할 것은 충성이니라"(고린도전서 4장 2절)고 말씀합니다. 우리의 인생은 하나님께서 맡겨 주신 것입니다. 우리 개인의 생명도, 가정도, 사업장도, 직장도 모두 하나님께서 이 세상에 사는 날 동안 우리에게 당분간 맡겨 주신 것들입니다. 우리는 하나님께서 맡겨 주신 것들을 잘 관리해서 주인에게 유익을 드려야 하는 청지기일 뿐입니다. 따라서 각자가 맡은 일에 충성을 다해야 합니다.

찰스 스웹(Charles Swab)은 카네기 강철 회사의 잡역부로 들어가서 후에 카네기 사장의 뒤를 이어 그 회사의 후계자가 된 사람입니다. 초등학교 학력이 전부였던 그는 처음에 잡역부로 취직을 했지만 일자리를 주신 하나님께 감사하며 날마다 성실하게 최선을 다해 일했습니다. 이런 그의 행동과 태도가 사람들에게 감동을 주어 결국은 정식 사원으로 발탁되고 다시 카네기 사장의 비서로 채용되었습니다. 강철 왕 카네기가 연로하여 은퇴할 때가 되어 스웹을 후계자로 지명하자 모든 사원이 놀라움을 금치 못했습니다. 이에 카네기 사장은 그를 전 사원 앞에 세우고 다음과 같이 소개하였습니다. "이 회사를 살리는 것은 높은 학력과 지식이 아닙니다. 진정으로 중요한 것은 회사를 사랑하는 사람입니다. 바로 스웹이 그런 사람으로서 이 회사를 계속하여 성장 발전시킬 수 있는 적임자라는 판단이 들어 후계자로 지명한 것입니다. 스웹만큼 이 회사를 사랑하는 사람을 나는 아직까지 보지 못했습니다."

찰스 스웹의 일화는 하나님께서 인간적인 조건과 상관없이 충성된 자세를 보시고 축복해 주신다는 것을 보여 주는 좋은 예입니다. 우리가 큰일이든 작은 일이든, 고상한 일이든 힘든 일이든, 이를 하나님께서 내게 맡겨 주신 일이라고 믿고 충성과 최선을 다할 때 하나님께서 우리의 미래를 인도해 주실 것입니다.

셋째, 예수 그리스도께서 주시는 꿈을 품고 희망을 향해 줄기차게 전진해야 합니다.

성경은 "하나님이 말씀하시기를 말세에 내가 내 영을 모든 육체에 부어 주리니 너희의 자녀들은 예언할 것이요 너희의 젊은이들은 환상을 보고 너희의 늙은이들은 꿈을 꾸리라"(사도행전 2장 17절)고 말씀합니다. 여기서 '환상'이란 미래를 볼 수 있는 힘, 즉 '비전'을 말합니다. 하나님께서는 십자가에 못 박히신 예수 그리스도를 통해서 우리에게 꿈과 비전을 주십니다. 예수님께서는 십자가를 통해 죄인이 용서받아 의인이 될 수 있는 꿈을 심어 주셨고, 소외당하고 버림받은 사람들이 하나님 품에 안길 수 있는 꿈을 심어 주셨습니다. 또한 병들고 슬프고 고통당하는 자가 치료와 위로를 받을 수 있는 꿈을 심어 주셨고, 가난하고 굶주리고 낭패와 실망을 당한 자들이 축복을 받고 희망을 얻을 수 있는 꿈을 심어 주셨습니다.

열왕기하 6장 24절부터 7장까지를 보면, 이스라엘의 사마리아 성이 아람 왕 벤하닷의 군대에게 포위당한 사건이 기록되어 있습니다. 이때 성안에 있는 백성들은 극심한 기근에 시달렸고, 굶주림에 지친 백성들은 급기야 자신의 어린아이를 잡아먹는 등 인간으로서 차마 할 수 없는 일들을 했습니다. 이렇게 모두 절망의 성에 주저앉아 있을 때, 하나님께서는 엘리사를 통해 희망의 메시지를 선포하게 하셨으며, 실낱같은 희망을 품고 비틀거리며 일어서는 네 명의 나병 환자를 택해서 이스라엘을 아람 군대로부터 구원하는 일에 사용하셨습니다. 반면 희망을 받아들이지 않고 거부했던 사마리아 성의 한 장관에게는 하나님의 준엄한 심판이 내려졌습니다.

인간의 삶이란 이처럼 하나님께서 주시는 꿈과 희망을 찾아 몸부림치며 줄기차게 나아가는 것입니다. 하나님께서는 절망한 백성이나 비관하는 지도자를 사용하시지 않습니다. 보잘것없는 사람일지라도 희망을 향해 나아가는 사람들을 사용하시며 희망을 향해 전진하는 그 사람들과 함께하십니다.

저 역시 50년의 목회생활을 돌아볼 때 하나님께서 저의 인생을 통해 성취하신 모든 일들이 한때 제가 마음속에 꿈꾸고 간절히 열망하던 것들이었음을 깨닫게 됩니다. 어려운 시대를 살아오면서 도저히 사람의 힘으로는 해결할 수 없는 곤궁한 처지에 빠졌을 때에도 항상 제 마음속에는 하나님의 은혜 가운데 그 모든 역경을 이기고 승리로 우뚝 서게 되리라는 꿈이 있었습니다. 하나님께서 주신 그 꿈들이 저의 운명과 환경을 극복하고 새로운 내일의 삶을 창조하는 원동력이 되었습니다.

현재 우리 개인과 국가는 어렵고 고통스러운 시간을 통과하고 있습니다. 이러한 때에 우리의 정부와 정치인, 기업인과 노동자 그리고 국민 모두가 하나 되어 맡은 자리에서 충성을 다하며, 천지의 주재이신 하나님을 간절히 찾아야 합니다. 그리고 예수 그리스도를 통해 주시는 내일에 대한 영롱한 꿈을 품고 희망을 향해 줄기차게 전진해야 합니다. 비록 당장은 눈에 보이는 것 없고 귀에 아무 소리 안 들리고 손에 잡히는 것이 없을지라도 꿈을 품고 포기하지 않고 계속 전진할 때 여러분이 품은 꿈이 하나님의 손길을 움직이며 놀라운 기적을 일으키게 될 것입니다.

A Springboard for Future